都市空間の
エクスペリエンス

―経験と認識から空間を知る―

石川 徹 著

古今書院

Experience of Urban Environments: A Cognitive-Behavioral Perspective

by Ishikawa Toru

ISBN978-4-7722-5360-4

Copyright © 2025　Ishikawa Toru

Kokon Shoin Publishers Ltd., Tokyo

Printed in Japan.

まえがき

　私たちのまわりに目を向けると、あらためてたくさんの物があることに気づきます。長年愛用している机、お気に入りの洋服、毎年春にきれいな花を咲かせる通学路の桜の木、最近気になっているスマートフォンの新製品などさまざまな物が思い浮かぶでしょう。そしてそれらの物が存在し位置を占める場所があり、それらのいわば入れ物となり私たちの生活の場となる空間、私たち人間が集まってできる都市が広がっています。私たちはそれらを利用し、経験を通した知識や感情を心にもつことで、これらの物や場所が私たちにとって意味をもつ（愛用する、お気に入りの、きれいな、気になる）ようになります。これは何も特別なことではないという気がするかもしれませんが、私たちの経験と知識を理解するうえで重要な意味をもち、学問的にも私たちは古来よりこの世界は何から成り立っているのかを考え、また私たちはこの世界について何を知ることができ、その正しさをどのように確認できるのかを考えてきました。それぞれ存在論（オントロジー）、認識論（エピステモロジー）とよばれる分野に相当しますが、空間に関する研究においても、空間そのものについての考察と、空間の認識についての考察の2つの流れを指摘することができます。これらはいずれも重要であり、重なる部分も多いのですが、とくに両者が密接に結びついていることを示すのが、本書がその中心テーマとする人間と空間のインタラクションという観点に立った空間研究です。

　このような背景と問題意識のもと、本書では、私たちの生活の場であり、私たちを取り囲み固有の意味をもつ場所を都市空間とよび、私たちと都市空間の関わりから生じるさまざまな現象を空間分布、空間行動、空間認識という観点から理論的に考えていきます。その際、大きく2つの学問的な見方に基礎を置いて議論を進めます。1つは認知行動地理学的な見方で、空間を経験・認識する主体である個人に焦点をあてながら、空間行動に関する「なぜ」という疑問

に科学的にアプローチします。もう1つはユーザーエクスペリエンスとよばれる枠組みで、モノと利用者の相互関係にもとづいてユーザーの思いや考えを客観的に評価しようという考え方です。読者のみなさんには、この2つの見方に共通して重要なキーワードとなる「人間（ユーザー）中心」、「個人の経験と認識」という概念を意識しながら本書を読み進めていただきたいと思います。なお、ここで人間中心という言葉を使っているのは、エゴイスティックなあるいは環境に配慮しない行動をとるということではなく、使いやすいシステム、わかりやすい情報、住みやすいまちをデザインするためには利用者である私たち人間の認知的側面の理解が欠かせないということです。それがゆえの個人の経験と認識の重要性という点をまず確認しておきましょう。

　とくにみなさんに大事にしていただきたいのは、空間を対象としながら、一見当然に思えることを学問的に考えることがもつ意味の積極的な理解と、そこから何がわかるだろうかということについての知的な好奇心です。夏目漱石は、「文芸の哲学的基礎」と題した講演において、空間を含めた私たちの認識の不思議さ（＝面白さ）についてつぎのように述べています。「この世界には私と云うものがありまして、あなた方と云うものがありまして、そうして広い空間の中におりまして、この空間の中で御互に芝居をしまして、この芝居が時間の経過で推移して、この推移が因果の法則で纏められている。...これは誰も疑うものはあるまい。私もそう思う。ところがよくよく考えて見ると、それがはなはだ怪しい。よほど怪しい。」みなさんも当たり前に思えることを一歩退いてあえて愚鈍に（＝好奇心をもって学問的に）とらえ直してください。空間とは何でしょうか？　物理的な空間は私たちの心の中でどのように表現されているのでしょうか？　心理的な空間は私たちの空間行動にどのような影響を与えるのでしょうか？　空間に関して普段私たちが無意識に考えていることをあらためて考え、場所についてのエクスペリエンスは日ごろ意識することがないからこそ私たちにとって重要なことなのだという視点から眺めてみるとどうでしょうか。そして、空間について学問的に考えるとはどういうことか、ひいては科学とは何か、科学的方法とはどういうものかについてもあわせて考えてみましょう。

　以下の各章では、人間と空間のインタラクションという共通のテーマのも

と、扱う具体的なトピックは意識的に広く設定しています。空間、情報、人間のいずれかに興味をもつみなさんであれば、事前の知識や学年を問わず知的に楽しんでいただけると思います。大学1、2年生の方々は、本書をきっかけに都市空間のエクスペリエンスを日常生活で再発見していただけるでしょうし、3、4年生の方々は、興味をもった内容を章末のディスカッション課題を手がかりに卒業論文で追究することもできるでしょう。大学院の方々も、各章の内容を「空間－情報－人間の相互関係」という新たな視点から議論し、ディスカッション課題で触れた発展的な内容を学際的により深く考察できるのではないでしょうか。また実務に就いている方々にとっても、空間に関する基礎的な研究の有効性を理論的・分析的な側面と技術的・応用的な側面の融合という観点で再認識していただく機会になれば幸いです。いずれのレベルの読者の方々も、巻末に示した参考文献をひもとき、さらなる専門的な空間研究に歩を進めていただければと思います。

　本書は大学の教員の方々、とくに新たに授業を計画する若手研究者の方々にも、さまざまな学部の講義で使っていただけるような構成にしています。たとえば、教える側と学ぶ側のバックグラウンドに応じて各章を1週または2週分の講義トピックとする、あるいは各章の本文テキストと章末のディスカッション課題の議論にそれぞれ1週分と半週分を割りあてることで、1学期15週間の講義で利用していただくことが可能です。地理関連の学部であれば系統地理、空間理論、行動分析をテーマとする講義で、建築・都市関連の学部であれば環境心理、都市解析、都市居住に関する講義で、心理関連の学部であれば認知・行動科学の諸テーマに関する講義で、情報関連の学部であれば広くユーザーエクスペリエンスとその応用に関する講義で利用していただけるかと思います。いずれの学部においても、本書を用いた講義が、都市を心理面から眺め、空間を人間との相互関係のもとで考察し、情報を空間に応用展開させるという広い視点を養い、基礎的な知見を積み重ねることへの学問的関心を高めることにつながれば、著者として望外の喜びです。

　今回の書籍執筆に際しては、さまざまな場面で多くの方々からご協力をいただきました。岡部篤行先生（東京大学名誉教授）、浅見泰司先生（東京大学教授）、村山祐司先生（筑波大学名誉教授）にはそれぞれ原稿に目を通していただき、貴重なご意見を頂戴しました。岡部先生には一冊の本を書くことの意義

を含め、空間研究に関してあらためて広くご指導いただきました。浅見先生には原稿を細かく見ていただき、用語の使用などに関してご教授いただきました。村山先生からは各章に対して多くの示唆に富んだご意見をいただき、先生の誠実な研究姿勢がうかがえる思慮深いご指摘や注釈に感銘を受けました。また、今回の多岐にわたるテーマを空間の理論的研究および個人の経験と認識という観点からまとめる試みは、これまで多くの場所でおこなってきた講義や演習から得た経験がもとになっています。とくに本書の各章で取り上げたトピックや説明の仕方および語り口を決めるにあたっては、INIAD で熱心に講義に取り組み、研究室で興味をもって研究をおこないその成果を卒業論文にまとめてくれる学生のみなさんから受けた刺激が原動力となりました。最後に、本書の出版に関するあらゆる段階でご尽力いただいた古今書院のみなさま、なかでもテキストと図表を明快に構成していただいた編集者の方々、そして計画の段階から終始温かくご支援いただいた鈴木憲子様にはこの場を借りてあらためて感謝申し上げます。

　読者のみなさんには、本書をきっかけに楽しい空間研究の旅に出発していただくことを期待しています。

2024 年秋　石川 徹

v

目 次

まえがき　i

第1章　都市空間のエクスペリエンス ……………………………………… 1

1.1 都市とは?　1

1.2 都市を研究するとは?　4

1.3 エクスペリエンスという考え方　7

第2章　都市の構造を把握する——都市の立地モデル—— ……………… 11

2.1 都市の立地パターン：どこに何があるのか　11

2.2 都市構造の理論的思考の先駆け　13

2.3 都市の機能と都市システム　16

2.4 都市構造の社会学的モデル　19

第3章　都市における空間行動を予測する——空間的相互作用—— ……… 24

3.1 都市における人間の空間行動　24

3.2 空間行動と距離の関係　25

3.3 距離減衰の概念とその応用　29

3.4 確率的行動モデル　33

第4章　都市における経験と選択——価値という側面から—— …………… 39

4.1 私たちの心理的な評価と価値　39

4.2 環境の特性と地価の関係：ヘドニックアプローチ　42

4.3 環境価値および環境改善効果の測定：仮想市場評価法　45

4.4 製品の属性とユーザーの選好の関係：コンジョイント分析　48

第5章　私たちの頭の中をのぞいてみる
──空間認知、認知地図── ……………………………… 54

5.1 空間と人間のインタラクション：場所のエクスペリエンス　54

5.2 都市のイメージと居住者の視点　58

5.3 頭の中の地図の構造とゆがみ　61

5.4 空間知識の学習と個人差　66

第6章　場所情報の表現とコミュニケーション
──地図、言葉、ナビゲーション── ……………… 73

6.1 ナビゲーションとは：「どこ？」を知る　73

6.2 地図の利用と理解　78

6.3 言葉による空間の表現とコミュニケーション　83

6.4 ナビゲーションツールと移動支援　88

第7章　都市のエクスペリエンスと私たちの感情
──環境心理── ……………………………………………… 92

7.1 都市における人間の感情：どう感じるのか　92

7.2 環境の心理的評価：環境からのアプローチ　96

7.3 環境の心理的評価：環境と観察者の相互関係からのアプローチ　99

7.4 環境と私たちの関わり：バイオフィリアとアフォーダンス　102

第8章　都市の居住環境と居住者の心理 ……………………… 107

8.1 私たちが住む環境と居住の満足度　107

8.2 場所への愛着とコミュニティー意識　111

8.3 個人の価値観とライフスタイル　114

8.4 多様性を表す指標　118

第9章　縮小社会における都市計画と居住者のエクスペリエンス …… 123

9.1 私たちが住むまちのデザイン：都市計画とは？　123

9.2. 都市のコンパクト化と新たな都市計画　127

9.3 居住者の視点からみた都市の性能評価　131

　9.3.1 環境と利便性の観点からの用途混在の評価：共分散構造分析　131

　9.3.2 性能規制に対する居住者の価値評価：仮想市場評価法　133

　9.3.3 居住環境と性能規制に対する居住者の意識：コンジョイント分析　135

第10章　都市とエクスペリエンスの未来 ………………………………………… 139

10.1 都市の情報化と情報の都市化　139

10.2 超スマート社会と私たちのエクスペリエンス　143

10.3 場所のエクスペリエンスデザイン：だれのための都市　149

　参考文献　158

　索　引　167

第1章　都市空間のエクスペリエンス

【第1章の目標】この本ではみなさんを都市空間の研究の旅にご招待します。都市に関する研究はさまざまな方法と問題意識のもとでおこなわれるのですが、本書で10章にわたってみなさんと一緒に進める学問的な旅において重視するのは、空間と人間のインタラクションとそこから生じる場所のエクスペリエンスという考え方です。すなわち、私たちの生活の場である都市空間、そこで行動する私たち、そして両者の相互作用から生じる場所の経験と認識という観点から、さまざまな空間現象と私たちの行動をみていきます。テーマは多岐にわたりますが、すべての章に共通して、個人レベルでの思いや考え（イメージといってもいいでしょう）に焦点をあてて議論を展開します。その導入となるこの章では、以上の基本的な考え方を整理し、本書を通じて読者のみなさんに意識してほしいことを述べるとともに、都市空間のユーザーとしての私たちの頭の中、心の中をのぞく準備をすることにしましょう。

1.1 都市とは？

みなさんは「都市」という言葉を聞いて何を頭に思い浮かべますか？　自分が生まれ育った故郷や訪れたことがある海外の街を思い浮かべるかもしれません。都会の高層ビルや繁華街の人混みを思い浮かべる人もいるでしょうし、田舎の田園風景や静かな駅前の光景が頭に浮かんだ人もいるでしょう。では、「場所」や「空間」という言葉の場合はどうでしょうか？　たとえば、好きな建築家が設計した美術館、お気に入りのカフェ、いつも勉強する図書館の窓際の席などはあなたにとって大事な場所でしょうし、空間図形、空間デザイン、都市空間、サイバー空間、宇宙空間など空間がつく言葉も多くあります。さらに、地図やスマートフォンのナビアプリなど場所に関する情報やツールも私たちにとって身近な存在です。これらはみなさんが思いつく空間や場所の例であり、みなさんの経験にもとづく都市のイメージといえます。

では、そもそも都市とは何でしょうか？　たとえば、都市という言葉をそこに住み活動する人の数で定義することがあります。みなさんも、人が多い場所

を都会や市街地とよび、反対に人が少ない場所を地方や田舎とよぶことがあるでしょう。国勢調査とよばれる統計調査にもとづいた定義では、人口密度が4,000人／km²以上、人口が5,000人以上の地域を人口集中地区とよび、都市的な地域と考えます。この考え方を使うと、都市という概念を数字で説明することができるので便利そうですね。

　都市の大きさを産業別の従業者数と関連させて考えることもできます。一般に、人口が多い都市では情報通信業、金融・保険業、サービス業などの比率が高く、人口が少ない都市では製造業の比率が高い傾向があります（国土交通省都市・地域整備局, 2008）。また、大きな都市は周辺の地域に商品やサービスを提供する中心地の役割を果たすでしょうし、周辺の地域には郊外住宅地や農地が広がっている場合もあるでしょう。さらに、都市と農村を対比させて、それぞれに特有の文化的な特徴を考えることもできるでしょう。

　このように都市については、人口、産業、機能、土地利用、文化などさまざまな視点からの議論が可能です。いずれもわかりやすく有効ですが、このように多様な定義が存在することは、都市の概念が漠然としたものであることも示しています。では、さまざまな都市の考え方を束ねるキーとなる要素は何でしょうか？　古代ギリシャでポリスとよばれる都市国家が形成されたのは、紀元前8世紀ごろ、神殿のある丘を中心に人々が集まって住むようになったことがはじまりといわれています。また、都市計画の考え方が起こった背景には、19世紀の産業革命の時期に、都市部に人口が集中し居住環境が劣悪になったという状況がありました。すると、さまざまな都市の定義に共通する考え方として、都市は私たちの生活の場であり、物理的な空間と、そこに住み、生活し、行動する人間から成り立っているという見方を強調することはできないでしょうか。空間と人間はどちらも都市の重要な担い手であり、分かつことはできません。居住者のいない空間は単調で無機質な広がりであり、本来の意味での都市とはよべないでしょう。本書では、空間と人間の相互の結びつきがもつ重要性を、インタラクション、経験、認識という概念と関連させながら議論していきます（図1.1）。

　同じく都市計画について考えてみましょう。都市の計画においては、建物や道路などの構成要素を物的に整備していくことになりますが、よりよい都市

を作るためには、物的環境の計画を単独で考えるのではなく、そのまちに住む人の思いや考え方も考慮することが重要です。最近の情報技術を活用したまちづくりにおいては、スマートシティなどの先端の取り組みの目標として、居心地のよいまち、暮らしやすい都市空間を作ることが掲げられており、居住者の視点からよい都市とは何かを考える人間中心まちづくりが前面に出されています。ここにも空間と人間の相互関係からなる都市の重要性が表れています。

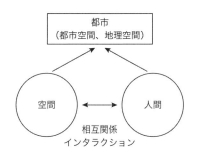

図 1.1 物理的な空間とそこで生活・行動する人間から成り立つ都市
本書では都市空間におけるさまざまな現象や行動を空間と人間の相互関係という観点から議論します。

このように、この本では空間をテーマに議論を進めていきますが、みなさんと一緒に考えるのは私たちとの相互関係のもとでの空間です。すなわち、のっぺりとした広がりを連想させる空間ではなく、その中にいる人間が見たり歩いたりして経験し、自分にとって意味のある場所と認識し、さまざまな形で働きかけることでデザインや表現の対象となる都市としての空間を考察します。よって、都市空間の経験・認識の主体としての人間に焦点をあてるのですが、各章の議論に共通して念頭に置くのは、場所のエクスペリエンス（空間の経験と認識）という基本的な問題意識です。ここでエクスペリエンスという言葉を聞いて情報学の分野で用いられるユーザーエクスペリエンスという言葉を思い出す読者も多いと思いますが、本書では、私たちがモノやサービスのユーザーであるのと同様に、都市空間のユーザー（すなわち居住者）であることを明確にし、都市と居住者のインタラクションから生じる経験と認識を重視します。つまり、都市の中での生活・行動を通して居住者が身のまわりの空間を経験し、場所についての知識、思い、感情をもち、頭の中にまちのイメージを形成していくプロセスを都市のユーザーエクスペリエンスとして考えていくことにしましょう。このようなエクスペリエンス的な視点からの空間の議論をはじめるにあたって、以下の 2 つの節では、まず都市を理論的に考察するとはどういうことなのかを考え、つぎにユーザーエクスペリエンスの考え方を都市に展開させ

ることの意味についてみておきましょう。

1.2 都市を研究するとは？

　みなさんは、都市空間に関する研究と聞いてどのようなことを想像しますか？　また都市のどのようなことが研究のテーマになると思いますか？　たとえば、都市には住宅、オフィス、学校、駅、コンビニエンスストアなどさまざまな用途の建物があります。また、多くの人が集まりにぎわいをみせる地域もあれば、人がまばらな地域もあります。駅の周辺には商業施設や飲食店がみられますが、少し離れた郊外に大きな駐車場を備えたショッピングモールがある場合もあります。閑静な住宅地があれば、経済活動が盛んな工場地帯もあり、水田や畑が広がる地域もあります。このように、何が、どこにあるかということは、空間に関する研究の大きなテーマになってきました。都市における土地利用の空間的な分布には一定の傾向があるのでしょうか？　都市の中心部と周辺部では土地の利用や価格に違いがあるでしょうか？　都心と郊外ではどちらが人口密度が高いでしょうか？　これらの疑問に対して、研究者は理論モデルにもとづいた考察を進め、最近では地理情報システム（GIS）を用いた空間データ分析をおこなっています。

　空間における私たちの行動についてはどうでしょうか。みなさんは毎日の買い物で食料品や日用品を買う際には、どこのお店に行きますか？　洋服やアクセサリーなどのファッション用品や家具などインテリア用品のための買い物のときはどうでしょうか？　近所のスーパーやコンビニでしょうか、それとも繁華街のデパートまで出かけるでしょうか？　近所にスーパーが何軒かある場合、そのなかから実際に買い物に行く店をどのようにして選びますか？　1日の乗降客が多い都心の鉄道駅と郊外の小さな駅は何が違うのでしょうか？　通勤通学に使う電車は、朝のラッシュ時には上り電車が混み、夕方には下り電車が混むのはなぜでしょう？　これらの問いは、空間的相互作用という視点から研究者の興味を引き、距離の概念（近い／遠い）を重要な変数とした理論モデルによって私たちの空間行動を説明する研究が進められてきました。

　そして、私たちの経験と認識に焦点をあてた研究が、本書のとくに重要なテーマとしてあげられます。たとえば、住みたいまちに関する調査結果がランキ

ング形式で発表され、メディアでも取り上げられたりしますが、そもそも住みたいまちとは何でしょうか？　私たちはどのような環境を好ましいと思うのでしょうか？　好き／嫌い、よい／悪いという私たちの判断につながる心理的な価値や美的な感情とはどのようなものでしょうか？　わかりやすい都市、あるいは生き生きとしたイメージが心に浮かぶようなまちを作ることはできるでしょうか？　まち歩きや見知らぬ場所を訪れることが好きな人がいる一方で、すぐに迷ってしまい、出かけることに対して不安を感じる人がいるのはなぜでしょうか？　方向音痴の人にも理解しやすいナビゲーション情報はあるでしょうか？　これらはすべて、私たちの日常生活における場所のエクスペリエンスに関する話題であり、研究者はさまざまな方法を用いて私たちの頭の中をのぞくことで、私たちが認識する空間の特徴を明らかにしています。さらに、私たちの空間の経験と認識に関する知見を、縮小社会における居住者の視点からのまちづくりや現実空間と仮想空間が融合した高度空間情報社会の構築に応用させる取り組みも進んでいます（Ishikawa, 2020）。

　それでは、これらのテーマを学問的に研究するためにはどのような方法があるのでしょうか？　まず、空間の理論的研究へのアプローチとして、大きく2つの問題意識があることを確認しておきましょう。1つは、都市空間のどこに、何があるのかを知りたいという問題意識です。先ほどあげた都市の土地利用に関する研究がその代表例で、さまざまな事象の空間分布（何が、どこに）を理論モデルや地理データをもとに調べ、空間的なパターンという形（フォーム）を明らかにしようとする研究姿勢といえます。このようなフォーム的なアプローチは、都市の系統的（システマティック）な研究をその初期から推進してきた重要な手法となっています（Johnston, 2001）。

　もう1つは、興味がある事象が示す空間的な分布について、なぜそうなるのかという理由を知りたいという問題意識です。このアプローチでは、研究の対象とする空間現象や人間の行動がみせる分布やパターンの背後に潜む因果関係を探究することを目的とします。すなわち、観察される空間分布や行動パターンを観測データとし、そのような結果を導く原因を明らかにしたいというプロセス重視の研究姿勢といえます。いくつか例をあげると、なぜ都心にオフィスや商業施設が立地し、郊外に住宅地が広がるのでしょうか？　なぜ私たちは日

常の買い物ではできるだけ近いところにあるスーパーに行くのでしょうか？住みたいと思う場所や好きな景色がある一方で、あまりいいとは思わない場所や景色があるのはなぜでしょうか？　地図を読むことが得意な人と不得意な人、また方向感覚がいい人と方向音痴な人がいるのはなぜでしょう？　このような問いに因果関係の解明という視点から取り組むためには、空間を経験し、空間の中で行動する主体としての個人に焦点をあてる必要があり、本書が場所のエクスペリエンス（空間の経験と認識）を中心テーマに据えるのはそのためなのです（Golledge, 2002）。

　都市の研究を考えるにあたって、さらに、現象の記述と説明という2つの立場を対比させてみておきましょう。記述的な立場とは、観察される現象をできるだけ詳細に言葉で述べ、多面的な情報を整理することで、対象がもつ特徴を総合的に把握する研究姿勢といえます。たとえば、ある地域の地形、気候、産業、人口、文化などの理解をもとにその地域の特性を明らかにする研究がその一例で、地理学においては地誌とよばれる分野になります。それに対し、説明的な立場は、上述の地形や気候などについて場所によらない一般的な原理を議論する点が特徴です。このような分野は地理学では系統地理とよばれ、先ほど都市の理論的な研究を説明する際に「系統的（システマティック）な研究」という言葉を使ったのは、この用語を意識してのことでした。よって、前者の記述的な研究では、場所の固有性、独自性、特殊性が重視され、後者の説明的な研究では、一般性、法則性、普遍性が重視されます。とくに後者は、因果関係の説明を指向する点で科学（サイエンス）と親和性をもち、「なぜ」を探究するプロセス的なアプローチと重なる部分が大きくなります（Couclelis and Golledge, 1983; Gould, 1985）。これらはどちらがよい、悪いということではなく、両方の問題意識が相ともない、補い合うことで、都市に関する優れた研究がおこなわれるといえます。ただ、本書で場所のエクスペリエンスの理論的考察を進めるにあたっては、おもに説明的な立場から、プロセス的なアプローチで私たちが認識する空間をみていきます（図1.2）。では、つぎの節でエクスペリエンスという考え方を整理しておくことにしましょう。

図 1.2　都市研究のアプローチ
都市の理論的研究においては、「何」に着目するフォーム的なアプローチと「なぜ」を追究するプロセス的なアプローチがあり、また場所の固有性に着目する記述的なアプローチと一般性・法則性を目指す説明的なアプローチがあります。本書ではとくにプロセスを重視した説明的な立場から空間事象を考えていきます。

1.3 エクスペリエンスという考え方

　みなさんはエクスペリエンスという言葉を使ったり聞いたりすることがあるでしょうか？　日本語に訳すと経験や体験となりますが、「大学時代に海外を一人で旅行した経験がある」、「新型車の乗り心地を実際に体験してみる」、「自然の中で動物と触れ合えたのは素晴らしい経験だった」などの表現がありますね。この言葉は、コンピューターに関連する分野で「ユーザーエクスペリエンス」とよばれる文脈で使われ、一般に、ユーザーが製品やサービスの利用を通して得る経験のことを意味します（図 1.3A）。エクスペリエンスという英語を日本語で置き換えただけの説明にも聞こえますが、この概念は 2 つの重要な見方を提供します。まず、私たちが何かモノを利用する際には、一方に製品・サービスがあり、他方にそれを利用するユーザーがいるということを再認識させてくれます。このことは一見当たり前のように思えますが、エクスペリエンスの概念を都市空間に広げ、場所の経験と認識を考える際の基本的な議論の枠組みを明示しています。普段ことさら意識することはありませんが、私たちは空間の中で生活をし、行動をし、空間は私たちのまわりに広がり、私たちに生活・行動の場を提供してくれます。私たちはまちの居住者であり、空間のユーザーといえるのです（図 1.3B）。

　もう 1 つの重要な見方として、ユーザーエクスペリエンスの考え方は、私た

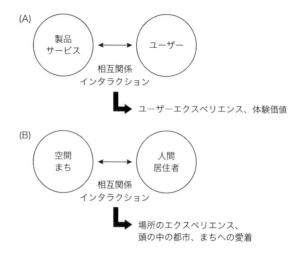

図1.3 ユーザーエクスペリエンスの考え方
(A) 製品・サービスとユーザーのインタラクションから利用者の経験（思い、考え）が生じます。(B) 場所のエクスペリエンスに視点を広げると、一方に空間・まちがあり、他方にその中で生活する人間（都市のユーザーとしての居住者）がいます。両者のインタラクションから生じる経験や認識を知るため、みなさんの頭の中をのぞいてみましょう。

ちはモノ、サービス、場所を利用することでそれらを経験し、その経験から私たちの思いや感情が生まれるということを明らかにしてくれます。エクスペリエンスの主体はユーザーである私たち、対象はモノ、サービス、場所で、両者のインタラクションから私たちの経験と認識が生じるのですね。これに関連して、ユーザーエクスペリエンスデザインの概念もみておきましょう。製品やサービスには当然その設計者がいますが、ユーザーは何をしたいのか、どのような状況で利用するのか、そしてユーザーはどのようなエクスペリエンスを得るのかを知ることで、ユーザーにやさしい製品・サービスを提供しようという考え方です。人間中心デザインという言葉が使われることもあります。言い換えれば、プロダクトデザイン、情報デザイン、空間デザインがそれぞれの対象をデザインするのと同じく、エクスペリエンスデザインは利用者のいい経験を作り出すことを目標としているのです（安藤, 2016）。

ここで、エクスペリエンスの対象を本書の主題である都市空間に戻しましょう。日ごろ意識することはないかもしれませんが、振り返ってみれば、空間の

中で生活する私たちにとって、最も基本的な経験のひとつが場所のエクスペリエンスだといえます。先ほどみたように、私たちが製品やサービスのユーザーであるように、私たちは空間のユーザーでもあります。利用者のいい経験を作り出すためにユーザーエクスペリエンスを知ることが重要だという点を確認したいま、いい場所のエクスペリエンスを作り出すためには、個人が認識する空間（頭の中の都市、心の中の思い）を知ることが重要だということはみなさんもすぐ予想がつくでしょう。まちに住み空間の中で行動する居住者の「まちのイメージ」を考慮することにより、わかりやすい都市、心地よい居住環境、心に生き生きと思い浮かぶまちを作ろうという居住者の視点からの（あるいは人間中心の）まちづくりですね。

　本書では、このようなエクスペリエンスという視点を重視しながら、私たちにとって身近な生活の場としての空間の経験と認識を考えていきます。次章からいよいよ具体的な議論に入りますが、読者のみなさんには、以下の点を問題意識としてもちながら読み進め、自分の考えを深めてもらいたいと思います。まず、場所のエクスペリエンスにはどのような特徴があるのだろうか、またそもそも心の中の思いという主観的なイメージを客観的に知ることはできるのだろうかという知的な興味を大事にしてください。たとえばネットショッピングのサイトや新しいスマートフォンについて、みなさんも「普通に使える」とか「あれは使えない」などと言うことがあると思います。この使える／使えないという思いがユーザーとしてのみなさんのエクスペリエンスですが、ユーザーのいい経験とはどのようなものでしょうか？　それがわからなければ、ユーザ中心のデザインはむずかしいですね。以下の章では、私たちの場所の経験や認識をさまざまな方法で調べた研究を紹介し、心の中のイメージには一定の傾向があること、また一見つかみどころがない印象を与える「思い」をきちんと理解できることをみます。プロセス的なアプローチを念頭に置き、「なぜ、どのように」という問いかけをしながら、各章のテーマを一緒に考えていきましょう。

　もう 1 点、場所のエクスペリエンスに関する本書の議論は、すべての章を通して、個人レベルでの空間の認識と行動の解明への問題意識が根底にあることに着目してください。場所のエクスペリエンスは個人の経験と認識に関わる問

題ですが、その研究を進める代表的な分野は認知行動地理学とよばれます。そこでの基本原理は、私たちの空間的な行動を真に理解するためには、物理的な空間とともに、私たちが認識する空間を知ることが欠かせないという考え方になります。この本が、私たちと空間のインタラクションから生じる場所の経験、そしてその経験にもとづく心理的な空間に焦点をあてるのはそのためです（Golledge and Stimson, 1997）。よって、これから私たち一人ひとりを経験の主体として、さまざまな空間行動や意思決定のもととなる心の中の思いや考えをみていきます。最初は、空間の理論的研究の代表例として集計データにもとづく理論モデル分析の議論からはじめますが、章が進むにつれて、少しずつ私たちの頭の中の知識や心の中の思いに焦点を合わせていく様子を感じ取ってもらいたいと思います。

［さらに深く考えるためのディスカッション課題］

(1) アウグスティヌスの著書『告白』の中に、時間について述べたつぎのような言葉があります。「私たちにとって時間ほど自明に思われることはないでしょう。確かに私たちは時間について話すときそれを理解していますし、他の人が時間について話すときもそれを理解して聞いています。ところで時間とはいったい何でしょうか？　人から尋ねられなければ、私は時間とは何か知っています。でもだれかに尋ねられて説明しようとすると、わからなくなるのです。」なかなか興味深い言葉ですが、この「時間」を「空間」に置き換えてみるとどうでしょう。みなさんは空間について知っていますか？

(2) 都市、空間、場所という言葉を聞いてみなさんはどのようなことを考えますか？

(3) 都市、空間、場所を理論的に研究するということについてみなさんはどのように考えますか？

(4) フォームとプロセス、記述と説明という考え方をそれぞれ対比させながら整理し、みなさんの考えをまとめておきましょう。

(5) 製品、サービス、場所とユーザーのインタラクションから生じるエクスペリエンスを重視し、デザイナーとしてユーザーのいい経験を作り出すことを目指すユーザーエクスペリエンスデザインについて、みなさんの意見を聞かせてください。

(6) つぎの章から空間の現象や人間の行動についてさまざまな観点からみていきます。第1章を読み終えた段階でみなさんが思いつく空間の現象や人間の行動をあげてください。また、本書の議論を通して中心的テーマとして焦点をあてる個人の空間の経験と認識について、現時点でみなさんがどのようなイメージをもっているか教えてください。

第2章 都市の構造を把握する
——都市の立地モデル——

【第2章の目標】この章では、まず都市の空間現象に関する理論的な興味がどのように起こり、何を対象に、どのような方法で研究がおこなわれてきたかをみることにしましょう。初期の理論的研究が取り上げたテーマは都市の土地利用で、都市の空間構造と立地パターンの解明という目標のもと、モデル分析とよばれる手法を用いて空間現象の記述を試みました。第1章で述べたように、本書の大きなテーマは個人の空間認識にもとづいた空間現象および空間行動の理解ですが、都市の理論的研究が個人の経験と認識をその重要な要素として取り上げるようになる前段階として、都市の構造を理論モデルによって考察しはじめた様子をみることで、都市の理論的研究とはどのようなものなのかを考えてみましょう。

2.1 都市の立地パターン：どこに何があるのか

本書の導入部である第1章でみたように、私たちのさまざまなエクスペリエンスの舞台である都市空間に関して研究者の興味を引いてきたテーマのひとつが、土地利用についての「なぜだろう？」という疑問でした。みなさんの生活の場である都市について思い出してみてください。都市にはさまざまなものがありますね。戸建て住宅やマンション、スーパーマーケットやコンビニエンスストア、小学校、中学校、公園、市役所、公民館、映画館やライブハウス、田畑や森林、工場や作業場などいろいろなものが思いつくでしょう。このように都市には数多くのものがあるだけではなく、多様な種類のものがあり、これらは都市の土地利用あるいは用途とよばれます。

さて、みなさんが住んでいる地域の土地利用について、何か気づくことはありませんか？　住宅街、商業地域、工場地帯という言葉があるように、類似の用途が特定のエリアに固まってみられることが多くないでしょうか。ある場所は住宅が集まった住居地域、ある場所は買い物のための施設や飲食店が集まった商業地域、またある場所はオフィスビルが建ち並んだ業務地域となっていたりしますね。このような用途の分布（場所の使われ方）には一定のパターンが

あるのでしょうか？　都市の特定の場所には、おおよそ決まった用途が立地する傾向があるのでしょうか？　どのような条件の場所に、どのような土地利用がみられるのでしょうか？（図2.1）

　これらの疑問は、「何がどこにあるのか」という都市の構造に関する問題として長年研究されてきました。先ほど、都市を研究する際の2つの重要な視点としてフォームとプロセスという考え方を紹介しました。都市構造に関する研究は、前者のフォーム的なアプローチで研究が進められた代表的な例です。それは、土地利用の分布と構造（＝フォーム、形）への関心にもとづいた理論的研究のはしりとなり、都市空間を理論的に記述するモデル分析に関する多くの成果を生み出しました。以下でその代表的なものをみていきますが、その前にモデル分析による研究の特徴をみておきましょう。

　まず、ここでモデルとよんでいるのはどのようなものでしょうか？　みなさんは、化学の授業で水や二酸化炭素の構造を立体的に示した分子モデルを見たことがあるのではないでしょうか？　たとえば、水分子（H_2O）は水素原子2個と酸素原子1個からできていますが、その結合の仕方を目に見える形で示したものが図2.2Aのモデルです。H_2Oという分子式だけでは伝わらない立体的な構造がよくわかるのではないでしょうか。またプラモデルは実際の車や建物などをスケールダウンした模型で再現しますし（図2.2B）、ファッションモデルの人たちは流行の着こなしを実際にコーディネートして見せてくれます（図2.2C）。

図2.1　都市の土地利用
都市にはさまざまな用途がみられますが、それらの立地には一定のパターンがあるのでしょうか？（Image from https://pixabay.com/）

図 2.2 さまざまなモデル
（A）水分子の構造モデル、（B）車のスケールモデル、（C）ファッションモデル。
(Images from https://pixabay.com/)

　同じように、理論モデルとは、現実の事柄や現象の成り立ちや仕組みをわかりやすく（場合によっては分子モデルのように目に見える形で）説明するものになります。ただ、現実世界の都市現象はさまざまな要因が複雑に絡み合って起こることが一般的です。そのような複雑な現象を理解するためには、あえてわかりやすく簡素化・単純化する必要があります。すなわち、説明しようとする現象と関係があると考えられる変数（結果に影響を与える要因）をできるだけ絞り込み、変数間の関係も簡素化し、単純化した仮定や前提条件を置いたりします。これにより、当然、現実世界の複雑さは失われます（残念ながらすべてを一度にとらえることはできません）。興味ある現象の重要な部分をできるだけ簡略化した形で理解することがモデル分析の基本的な姿勢であり、これは実は学問（科学、サイエンス）とよばれる行為の基礎となる考え方でもあります（Montello and Sutton, 2013）。

　このような点を頭に入れて、いま私たちが取り上げている都市の土地利用の問題を考えていきましょう。都市現象のモデル分析の元祖といえるのが、ドイツの学者フォン・チューネンによる農業立地モデルになります（von Thünen, 1826）。まずはこのモデルからみていきましょう。

2.2 都市構造の理論的思考の先駆け

　19 世紀のはじめ、北ドイツ・メクレンブルクの地主であったフォン・チューネンは、都市のさまざまな場所を眺めたときに、その利用のされ方が異なる

ことに気づきました。土壌や日照など物理的な条件は同じようにみえる土地であっても、なぜ利用のされ方が違うのか、またその違いはどのように生じるのかという疑問をもったのです。フォン・チューネンが注目したのは農業の土地利用でした。都市の中心部からの農地の移り変わりをみると、同心円状に広がり、中心からの距離に応じておこなわれている農業の種類が変わることに気づいたのです（図2.3A）。ここで大事なのは、農産物の変化が一定のパターンをもっていることでした。具体的には、都心部に酪農や園芸農業がみられ、その外側に森林、続いて穀物の栽培、そして放牧地が現れるという同心円状の立地パターンでした。

　このことを説明するために、フォン・チューネンは、都心からの距離、輸送コスト、市場価格、地代を変数とする理論モデルを考えました（図2.3B）。このモデルに従って、まず都心にみられる酪農や園芸農業をみてみましょう。牛乳や果物・野菜は傷みやすいため、輸送にかかるコストは高くなります。よって都心の市場に近い立地が好ましいのですが、都心に近いほど土地の価格も高い傾向があります。幸いなことに、牛乳や青果物は市場での価格が高いた

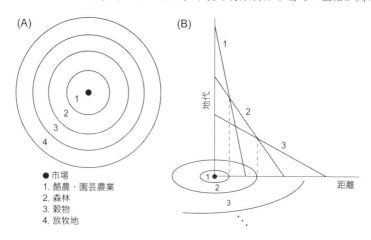

図2.3　フォン・チューネンによる農業の土地利用モデル
（A）都心部から同心円状に広がる農産物の立地パターン。（B）都心からの距離、輸送コスト、市場価格、地代を変数とする理論モデルにより、中心部の酪農・園芸農業から周縁部の穀物・放牧地まで同心円状に広がる農業立地を説明することができます。(Adapted with permission of Edward Elgar Publishing Limited through PLSclear from Ishikawa and Asami, 2020, p. 289, Figure 14.4)

め、これらの農地は都心の高い地代にも対応することができます。それに続く比較的都心に近い地帯には、燃料や建築資材として需要が大きいが非常に重く輸送がむずかしい木材を市場に提供するための林業（森林）が立地します。では、周辺部にみられる穀物農場についてはどうでしょう。穀物は市場での価格が低いため、都心の高い地代に見合いませんが、同時に輸送にかかるコストも低く済むため、都心から離れた場所に立地することになります。

このように、都心では市場での需要と価格が高い農産物が作られ、中心部から離れるにしたがって、腐りにくく輸送コストもかからないが、市場での需要と価格が低い農産物が生産されるようになります。よって外側の地域では穀物農場が広がり、最も外側の地域では家畜の放牧がおこなわれ、都心の集約的な農地利用とは対照的に粗放農業がみられます（図2.4）。

これが、都市における農業の土地利用に対してフォン・チューネンが与えた説明になります。この理論的なモデルは広く知られるようになったため、都心

図2.4　農業の土地利用と農産物
私たちの食卓に上るさまざまな農産物の生産場所を土地利用の空間分布パターンとして説明できる点に理論モデルのおもしろさがあります。(Images from https://pixabay.com/)

のまわりに同心円状に立地する農地パターンはチューネン・リング（チューネン圏）ともよばれています。チューネンによるモデルは、都市現象にみられる空間的な分布パターンを説明するために提唱された最も初期の理論モデルです。興味のある事柄（都心から同心円状に広がる農業立地という観察された現象）をその要因となる変数との関係（観察された現象の背後に想定される因果関係）で説明するという理論モデルの基本的な考え方がよくわかる例ですね。農地の立地というフォーム（構造、形）を説明するために距離と価格という要因を考えて、その規則性を記述するというおもしろさを感じ取れるのではないでしょうか。

2.3 都市の機能と都市システム

　さて、第1章で都市という言葉の意味を考えた際に、人間が集まって居住することで人と物が集まる場所としての都市ができ、そこでさまざまな活動が展開されるようになったことをみました。土地利用という観点から都市と人間を眺めた際に、ある場所は住宅が建ち並び、ある場所は商店が集まり、またある場所は行政を司る施設が立地するという現象がみられることになります。前節の議論ではこのように都市の土地利用をみましたが、本節ではそれとは少し違った見方として、都市の機能について考えてみましょう。

　都心、繁華街、ターミナル駅、郊外といった言葉がよく使われますが、これらは、私たちが住む都市は中心的な役割を果たす地域と、その周辺に立地し中心地と関係をもつ地域があることを示しています。言い換えれば、都市は役割分担がなされており、各都市はそれぞれの機能をもちながら他の都市と相互に関係することで存在しています。たとえば首都は周辺の都市に行政サービスを提供し、私たちは仕事や買い物のために中心駅や繁華街に出かけます。また都心のタワーマンションがある一方で、郊外に住宅地が広がっている例もみられます。このような相互に関係しながら全体を構成するまとまりを一般にシステムとよびますが、都市のシステムにおいては、その大きさや機能の複雑さに応じて、より上位に位置し高次の機能をもつ都市（中心地）と下位に位置し低次の機能をもつ都市（周縁地）が階層的な構造をなしています。

　本章でみている都市構造に関する理論モデルにおいては、都市システムの考

察も重要なテーマとなってきました（専門的には都市群システム、都市内システムという言葉も使われます）。食料品や衣服などの商品や高次のサービスを周辺の地域に供給し都市を相互につなぐ役割を果たす中心地と、個々の地域の内部という限られた範囲へのサービス供給をおこなう下位の都市がある場合、それらの都市の空間的な立地には何か規則性があるでしょうか？　私たちの日常生活で考えてみましょう。みなさんは、毎日の食料品や生活用品の買い物では、近所のスーパーマーケットや商店街の食料品店に行くでしょう。それに対して、少し高価な嗜好品などを買うためには、各商品を専門的に扱うお店や繁華街のデパートに行くでしょう。では、近所の食料品店と繁華街のデパートの立地にはどのような違いがあるでしょうか？　食料品店は小規模なものが各地域に多数存在し、デパートは大規模なお店として人が多い都心に立地しているように思えますが、どうでしょうか？（図2.5）

　ドイツの地理学者クリスタラーは、異なる機能をもつ都市の空間分布に着目し、中心地理論とよばれる理論モデルを1933年に提唱しました（Christaller, 1933）。このモデルでは、小規模で多数の食料品店と大規模で少数のデパートという観察された立地パターンを説明するために、いくつかの理論的仮定が立てられます。これは規範的モデルという考え方になり、簡単に言うと、こういう仮定のもとでは人間はこのように行動するはずだという原因と結果のつながりを設定します。クリスタラーはまず一様性の仮定を設定しました。都市はあらゆる方向に同じように広がる一様な平面で、人口もその平面上に均等に分布

図2.5　都市がもつさまざまな機能
買い物を例にとると、近所にある商店街の八百屋さんと都心の繁華街に立地するデパートでは、買い物の目的、頻度、訪れる人に違いがありそうです。(Images from https://pixabay.com/)

しているという仮定です。そのもとで、私たちが買い物に行くときは、買いたい物を売っている一番近いお店に行くはずだと仮定しました。

　クリスタラーは、これらの仮定のもとでは、各レベルの中心地のサービス提供範囲は六角形となることを示しました。図 2.6 のように、さまざまな規模の都市が、高次から低次までの機能をもつ異なるレベルの中心地として、平面を階層的に隙間なく分割します。各レベルの中心地がサービスを提供する地域（マーケットエリア）は六角形で、その大きさはそれぞれのマーケットエリアの大きさに比例します。すなわち、高次の中心地はより大きな六角形の中心に位置し（たとえば専門的で豊富な品ぞろえを有するデパート）、低次の中心地になるほど限定された範囲の地域に密着したサービス提供をおこないます（たとえば日用品の買い物のための食料品店）。各中心地は相互に関係をもち、低次の中心地は高次の中心地に階層的に含まれます。また高次の（あるいは低次の）中心地は大きな（小さな）マーケットエリアをもち、それぞれ互いに遠い（近い）距離を空けながら一様に分布することになります。さて、みなさんの住まい周辺で考えてみてください。このモデルが示すような機能立地の分布がみられますか？

　ところで、規範的モデルの特徴として理論的な仮定を設けることを述べましたが、このことは、異なる仮定のもとでは異なる結果が導かれることを意味します。とくに、前提として立てた仮定が実際には成り立たない場合は、モデル

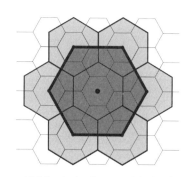

図 2.6　クリスタラーの中心地理論
高次から低次までの機能をもつ異なるレベルの中心地が平面を階層的に分割します。
(Reprinted with permission of Edward Elgar Publishing Limited through PLSclear from Ishikawa and Asami, 2020, p. 290, Figure 14.5)

から導かれる結果と実生活でみられる現象（実際の空間分布や人間行動）が一致しないことになります。つまり、中心地理論で立てた一様性の仮定が適当でないとすれば、上記のような理想的な六角形の階層的空間パターンは実際にはみられないことになります。考えてみると、私たちが住む都市は、地形や交通網の分布の影響により、どの方向にも同じように移動できる一様な空間ではありません。また人々の嗜好や好みも一様ではなく、家から一番近いお店に買い物に行くという完全な合理性も成り立たないことが一般的です（このことは私たちの空間行動の理解にとって重要であり、本書が個人の経験と認識を中心テーマにすえている理由となります。以下で、完全な合理性に対する限定的な合理性や認知行動地理学的な見方を紹介し、とくに第5章で私たちの認知地図について議論しますが、その際にくわしくみましょう）。そのため、現実の都市構造や立地分布が中心地理論どおりにならないことも指摘されています。ただそのような問題点はありつつも、中心地理論にもとづく考察は、都市の構造と機能に関する理論モデルとして現在もその有効性を失っていません。

2.4 都市構造の社会学的モデル

　ここまで、都市の立地パターンについて農業土地利用や都市機能に着目して考えましたが、さまざまな土地利用が都市の内部でどのように立地するのかということは、一貫して都市構造の理論分析の主要なテーマでした。この点に関して、おもに1920年代から1930年代にかけてアメリカのシカゴにおいて都市の社会学的な視点からおこなわれた研究をみてみましょう。これらの研究も都心からの距離に着目した理論モデルを提唱しましたが、居住者の社会経済的な階層に焦点をあてて、商業、工業、住宅地の空間分布を総合的に考察している点に特徴があります。

　まず、バージェスによって提唱された同心円地帯モデルをみてみましょう（Burgess, 1925）。このモデルによると、都市における用途立地は、業務や交通が集積した都心を中心として、そのまわりに異なる土地利用が同心円状にゾーンを形成します（図 2.7）。中心である中心業務地区の外側には商業や軽工業が広がり、業務的な土地利用から居住のための土地利用への移り変わりをみせる地帯（遷移地帯）が続きます。その外側には、中心部の工場等で働く労働

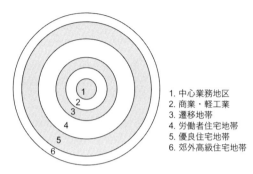

図 2.7 バージェスによる同心円地帯モデル
業務や交通が集積した都心を中心に異なる土地利用が同心円状にゾーンを形成する様子を示す理論モデルです。

者が住む地域が広がり、さらにその外側は中産階級の人々が住む戸建て住宅や家賃の高いアパートなどの優良住宅地となっています。そして一番外側の地帯は、中心地へ通勤する人たちが住む地域となっており、中心業務地区とは対照的に低密度な郊外住宅地の様子をみせます。

　この理論モデルは当時のアメリカの都市構造をうまく記述するものとして注目され、これをもとに、さらに詳細な土地利用分布の記述を目指した改良モデルが提唱されました。たとえば、同心円地帯モデルが想定した「都市は一様に広がる空間で、その中に異なる土地利用が同心円状に現れる」という考え方をより現実に即したものに改め、地形や交通網の影響による各地域の特徴と非一様性を考慮したモデルがホイトによって提唱されました（Hoyt, 1939）。その代表例である扇形モデルは、当時の都市でみられた中心地から放射状に伸びる交通路に沿って住宅地が拡大していく様子に着目し、幹線路沿いの扇形の地域に家賃が高い高級住宅地が広がると考えました。それに隣接する形で中産階級のための中級住宅地が広がり、中心業務地区の周辺部には低級住宅地がみられるようになります（図 2.8）。なお、これら 2 つのモデルは、いずれも都市が 1 つの地区を中心に発展していくという考え方が基本になっていますが、このように発展した地帯が新たな中心業務地区を形成し、同じ業種がグループを形成しながら多核的に都市が発展していくというモデル（多核心モデル）も提唱されました（Harris and Ullman, 1945）。

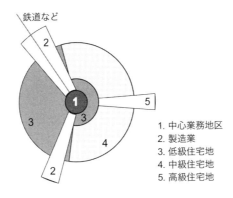

図 2.8 ホイトによる扇形モデル
より現実に即したモデルとして、中心地から放射状に伸びる交通路に沿って住宅地が
拡大していく様子に着目し、扇形のセクターに分かれた都市構造を記述しています。

　これら 3 つの理論モデルは異なる都市構造を提唱していますが、いずれも当時の都市で実際にみられる構造パターンにもとづきながら、観測データをうまく記述できるモデルを模索していることに特徴があります。ここで、本章で議論したモデルを比較することで、理論モデルの考え方、ひいては都市の科学的研究の基本的姿勢について整理しておきましょう。2.2 節、2.3 節でみた農業立地モデルおよび中心地理論は規範的モデルとよばれますが、いくつかの仮定を置き（前提）、そこから理論的に議論を発展させていくとどのような結果が導かれるか（結論）を考察する点に特徴があることに注目しましょう。このような議論の方法は、一般には演繹法とよばれます。一般的な前提から個別の結論を導き出す方法といえます。演繹による推論においては、前提が正しければ、途中の理論的展開に間違いがない限り、結論も正しいことが保証されます。言い換えると、前提が誤っていれば結論も誤りとなります。このことは、理論モデルにおける仮定の妥当性として重要な論点であり、空間現象の理論研究においては、個人の認識にもとづく認知行動地理学的な視点からの研究の重要性の議論につながります。

　なお、演繹法に対置される推論法として帰納法とよばれるものがあり、観察されるデータ（個別の事例）からそれを導く原因（一般的な法則）を推論する方法です。本節でみた都市構造の社会学的モデルは、実際の都市空間で

観察される事例をもとに都市構造の一般化を試みている点で、帰納法の考え方にもとづくモデルといえます。またよく言われている話として、ニュートンは庭の木からりんごが落ちるのを見て万有引力の法則の着想を得たという逸話がありますが、彼は惑星の運行や潮の満ち引きなどさまざま種類の膨大な観測データをもとに、すべての物質は互いに引き合う力を及ぼし合っているという万有引力の法則を導きました。これは個別の観測データから普遍的な法則に至るという点で帰納法による推論といえますが、実際には、演繹的な推論も用いながら仮説の形成と検証をおこなうアブダクション（仮説形成）とよばれる推論法に近いと考えられています。アブダクションは、観測されたデータが得られるためには、背後にこのような一般的法則があるはずだと考え、その法則から導かれる結果とさらなる観測データとの一致の度合いをみながら、データを最もよく説明する法則を導くという方法です（野家, 2015; 戸田山, 2005; 米盛, 2007）。

　実際の科学（サイエンス）の取り組みにおいては、このように演繹、帰納、仮説を組み合わせた思考法が用いられており、都市空間の科学的研究を議論するにあたっては、「科学とは？」あるいは「研究とは何か？」という点についての理解を深め、みなさん自身の科学に対する態度を決めることも重要になります。都市の研究にはさまざまなアプローチが可能ですが、本章でみた理論モデルは、都市の形（フォーム）に関する学問的興味に端を発する研究の例であり、何が、どこに、どのように分布しているのかについての理論的考察が大きな発展を遂げた初期の代表的な試みととらえることができます。

［さらに深く考えるためのディスカッション課題］

(1) みなさんの身のまわりでみられる規則的な現象をできるだけたくさんあげてください。

(2) 規則性とは何かと尋ねられたらみなさんはどのように説明しますか？

(3) 規則性を見出し確かめる方法にはどのようなものがあるでしょうか？

(4) 科学（サイエンス）とは規則性（法則、一般性）を扱う学問だという言い方があります。もちろん学問にはいろいろな研究対象と方法があり、科学とよばれるものが唯一かつ最善というわけではありません。みなさんは科学的なアプローチとそれ以外のアプローチについてどのように考えますか？　科学とは何でしょう？　科学と非科学を分けるものは何でしょう？

(5) 科学を考える際に以下のような言葉がよく使われます——理論、仮説、データ、実証、反証、客観性、再現性、原因、結果、合理的、体系的。これらの言葉が意味する内容、そしてこれらが科学的なアプローチにとって重要な理由を考えてみましょう。

(6) ある大学の理論モデルに関する講義において、A教授は単純化、仮定、縮約化、一般性の意義を強調し、B教授は現実性、複雑性、固有性、特殊性の重要性を説きました。どちらも意味があり、それぞれ尊重すべき立場です。クラスで2つのグループに分かれて、上記の2つの立場で意見を交換してみましょう。みなさん自身はどちらの立場を重視した研究を進めたいと思いますか？

(7) 学問的な研究を進める方法、および得られた知見の応用に関して、記述、説明、予測、制御という異なる側面をあげることができます。これらが意味するところと、実生活での応用場面を考えてみてください。

(8) 学問あるいは科学的な研究を説明する際に、「街灯の下でカギを探す」たとえ話が出されることがあります（英語では "the streetlight effect" あるいは "the drunkard's search principle" とよばれます）。これは肯定的に解釈することも否定的に解釈することもできるのですが、このたとえ話が意味するところを考え、みなさんの科学への態度を明らかにしましょう。

(9) 私たちは何を知っているのか、また私たちが知っていることをどのように確かめることができるのかについて議論する分野は認識論とよばれます。同じく科学とは何かについて議論する分野は科学哲学とよばれます。本章では理論モデルや規則性について考え、さまざまな研究アプローチについて概観しました。その発展として、認識論や科学哲学の古典的作品に挑戦してみましょう。プラトン、デカルト、ヒューム、カント、ベルクソン、ウィトゲンシュタイン、ポパー、エイヤー、クワイン、クーン、ファイヤアーベント、ハッキングなどの著作は日本語訳も出ていますので手にしやすいでしょう。上記は関連する著者の一部ですし、彼らの立場や考え方も異なります。多くの著作に触れ、みなさん自身の考えをもつきっかけにしてください。

第3章　都市における空間行動を予測する
——空間的相互作用——

【第3章の目標】この章では、前章に引き続き、理論モデルによる都市現象の研究をさらにみていきましょう。ここでの理論的考察の対象は、私たちの空間行動です。私たちは毎日の生活の場である空間の中で、通勤、買い物、旅行などさまざまな目的で移動をします。その際、目的地の候補が複数ある場合、私たちはそのなかからどのようにして1つの場所を選ぶのでしょうか？　このことについて、空間の重要な要素である距離に着目して理論的な研究をおこなった例を見ましょう。ある場所からある場所へ行くということは、どこに、どのようにして行くかについての空間的な意思決定をすることを意味します。すなわち、私たちが周辺の空間や対象の場所についてもっている知識をもとに、場所に関する情報を処理し、評価し、空間的に推論し、行動に移すということになります。この「知識−評価−推論−行動」というプロセスは、個人の認識および経験と空間的な行動をつなぐ重要な部分であり、認知行動地理学において「頭の中の地図」という観点から重点的に研究されるテーマになります。そのような個人の空間認識の重要性の理解にもつながる研究として、本章では地域を分析の単位として集計データをもとに考える行動モデルをみてみましょう。

3.1 都市における人間の空間行動

さて、前章では都市の空間的立地パターンに関する理論モデルをみましたが、これらのモデルについて何か気づく点はありませんか？　どのモデルにおいても距離の概念が重要な役割を果たしていますね。中心地に近いほど土地の価格が高い、農産物を市場に運ぶためには移動距離に応じた輸送コストがかかる、都心から離れるにしたがって低密で高級な住宅地が現れるというように、距離が立地パターンに影響を与える重要な変数として考えられています。

本書では都市の現象を研究することのおもしろさをみなさんに理解していただくために、まず理論モデルによる分析の紹介から議論をはじめていますが、今後（とくに第5章から）主要なテーマである場所のエクスペリエンスの議論に入るにつれて、個人の認識や行動の分析に焦点を移します。つまり、みなさんの経験と、そこから生まれる思い、考え、感じ方を理論的に考察していくの

ですが、そのような心理的空間の議論においても、距離の概念がさらに重要な意味をもちます。みなさんの日常の行動を思い返してください。たとえば手紙を出しに行くときには、家から一番近いポストに行くのではないでしょうか。食料品や日用品の買い物の際には、近所のスーパーマーケットに行きませんか？　毎朝の通勤時には、最寄り駅までできるだけ距離が短いルートで行きたいと思わないでしょうか？　このことは、近い／遠いという距離の認識（物理的距離に対する心理的距離）が都市における現象の根本にあり、人間の空間行動を理論的に理解するためのキーとなることを示しています。なお、場所のエクスペリエンスの議論では、物理的距離と心理的距離の違い（「近い」と「近いと思う」の違い）が重要になりますが、この点については第5章でくわしくみることにしましょう。

　空間の理論的考察における距離の重要性を反映し、都市の現象と距離の関係は、地理学の第1法則ともよばれるつぎの言葉で要約されています。「都市空間で起こるあらゆる現象は互いに関係をもっており、その関係性の程度（インタラクション）は、近いものどうしのほうがより強く、遠く離れるにしたがって弱くなる」（Tobler, 1970）。では、都市の空間現象や人間行動を説明するにあたってなぜ距離が重要な変数となるのでしょうか？　距離は私たちの空間行動にどのような影響を与えるのでしょうか？　距離と空間行動の関係を理論的に説明できないでしょうか？　また、理論的な説明にもとづいてさまざまな都市現象を予測することはできるでしょうか？　これらの疑問が都市に関する理論的研究をさらに発展させてきました。本章ではその解明の取り組みをみながら、空間現象と距離の関係がなぜ地理学の第1法則とよばれるのかという理由を考えていきましょう。

3.2　空間行動と距離の関係

　第2章で紹介したクリスタラーの中心地理論を、距離の概念に着目してあらためてみてみましょう。都市はその機能に応じて階層構造をなし、高次の機能をもつ上位の都市から、地域に密着した低次の機能をもつ下位の都市まで役割分担がなされています。上位の都市はその機能の高度性のため広い範囲から多くの人々が訪れ（デパートや専門店）、下位の都市は地域の居住者の日常生活

に必要な機能を提供しています（スーパーやコンビニ）。すなわち、上位の都市は提供する商品やサービスの魅力度が高く、遠い距離からも人々を引き寄せるのに対し、下位の都市がサービスを提供する範囲は近隣の狭いエリアに限られています。このことを距離の影響という観点からとらえ直すと、私たちは日常の買い物において、他の条件（価格や品ぞろえなど）が同じであれば、できるだけ近いところに行こうと考えるといえます。

　上記の例では、買い物に行くという行動を考えましたが、ほかにも通勤・通学をする、友人に会いに行く、旅行に出かける、新しい場所に引っ越すなど、私たちの日常の行動の多くが（都市の内部であるいは都市間で）空間を移動することと結びついています。このことは私たちが空間の中で生活している以上、いわば当然のことですが、普段は意識しないからこそ、あらためて考えると空間の重要性を私たちに思い起こさせてくれます。空間を移動するということは、ある場所から他の場所まで物理的な距離を越えて行くことを意味します（図3.1）。そしてその移動のためには一定の時間や労力がかかりますから、前章の理論モデルでみたように、距離が私たちの行動に影響を与える重要な変数となるのです。

　理論モデルによる空間現象の考察においては、空間における移動の問題は、ある場所とある場所の相互関係という観点から研究されてきました（ここで、場所のエクスペリエンスで基本となるのが私たちと場所とのインタラクション

図 3.1　都市空間における距離の重要性
私たちの空間行動は移動と結びついており、ある場所から他の場所まで物理的な距離を越えて行くことを意味します。都市の理論的研究が距離を重要な変数として取り上げるのはそのためです。(Image from https://pixabay.com/)

第3章 都市における空間行動を予測する　27

であること、また先述の地理学の第1法則を思い出しましょう）。このような
相互関係は一般的に空間的相互作用という言葉で表現され、都市の機能と移動
の距離という2つの変数にもとづいた理論モデルによって考察されてきまし
た。すなわち、私たちは大きな都市や魅力度の高い場所（中心地、都心の繁華
街、専門店があるところ）に行きたいと思うが、移動する距離は短くしたいと
考えるという一般的な傾向についての考察です。まずはじめに、その代表的な
モデルである重力モデルをみてみましょう。

　都市が人を引き寄せる力と距離の関係と聞いて、みなさんのなかにはニュー
トンの万有引力の法則を思い浮かべた人もいるのではないでしょうか。2つの
物体の間には、それぞれの質量（m_1, m_2）の積に比例し、物体間の距離（d）の
二乗に反比例する引力（F）が働くという有名な物理法則で、つぎのような式
で表されますね：

$$F = G \cdot \frac{m_1 \cdot m_2}{d^2} \quad (Gは重力定数) \quad (1)$$

この法則が公表されたのは17世紀のことでしたが、19世紀半ばの経済学者ヘ
ンリー・キャリーは、この法則が社会現象にも応用可能ではないかと考えまし
た（Carey, 1858）。つまり、都市間の移動を各都市に住む人の集団的な行動と
とらえ、空間的相互作用を2つの都市が引き合う力として考えたのです。なお、
ここで「集団的な行動」と述べたのは、個人レベルでの行動と対比させるため
なのですが、この重要な区別については第5章以降の個人の空間認識に関する
議論でくわしくみましょう。

　さて、社会現象に応用された重力モデルでは、大きな都市ほど人々を引きつ
け、かつ長い距離を移動するにはコスト（時間、労力、費用）がかかるという
前提のもと、都市間の関係の強さ（インタラクションの程度 I）を、都市の規
模（人口 P_1, P_2）と都市間の距離（d）を用いて、

$$I = k \cdot \frac{P_1 \cdot P_2}{d^2} \quad (kは定数) \quad (2)$$

のように定式化しました（図 3.2）。ここでは、大きな都市あるいは都市機能
の階層構造で上位に位置する都市ほど強く人々を引きつけると考え、その魅力
度を都市の人口で表現しています。人口の多い大都市ほど、さまざまな機会を

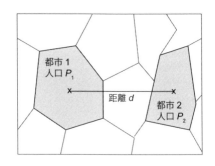

図 3.2 重力モデルの考え方
都市間の移動を各都市に住む人の集団的な行動ととらえ、2 つの
都市の空間的相互作用を両者が引き合う力として考えています。

求めて周辺から多くの人々がやって来るという現象をうまく記述しているといえます。また都市の大きさとともに都市間の距離も変数となっており、移動距離は短いほうがいいという考え方も考慮されています。ここに前述の地理学の第 1 法則（近い場所ほど関係性が強い）の普遍性および重要性を見て取ることができます。

　重力モデルの考え方はさまざまな場面に適用することが可能で、買い物行動や物資の流通の記述、都市間の人口移動の推定、交通需要の予測など応用例は多岐にわたります。ここで、今後の議論のために心に留めておいていただきたいのは、空間的相互作用モデルが考察の対象としているのは 2 つの都市間の関係であり、分析の単位はあくまでも都市という集合体だということです。すなわち、都市の大きさや魅力度は人口で、都市間の距離は各都市の代表点（たとえば重心）の間の距離でそれぞれ考慮され、都市レベルで集計しまとめられたデータが用いられます。都市の居住者一人ひとりの行動や、自宅から目的地まで実際に移動するルートや距離など、個人レベルでのデータは考察の対象ではありませんね（この点については、第 5 章以降の議論のテーマになります）。

　また、各都市でひとまとまりにされたグループの行動は、決定的なもの（確率的ではなく）として扱われています。このことを、重力モデルを都市の集客範囲の推定に応用した例でみてみましょう（Reilly, 1931）。図 3.3 に模式的に示されたような 2 つの都市がある場合、重力モデルでは各都市の人口と距離で

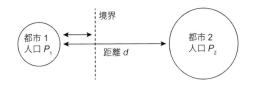

図 3.3　決定的な空間行動モデル
重力モデルでは各都市の人口と距離で引き合う力が決まるため、都市1と都市2の間に集客範囲の境界線が引かれ、その左右で買い物に行く都市が分かれます。

人を引き寄せる力が決まるため、都市1と都市2それぞれの集客範囲が定まります。先ほどのモデル式（2）をもとに考えると、都市1からの距離が

$$\frac{d}{1+\sqrt{\dfrac{P_2}{P_1}}} \quad (3)$$

である地点が境目となり、この境界線から都市1と都市2のどちらに近いかによって、買い物に行く都市が分かれます。いま $P_1 < P_2$ とすると、人口の多い都市（都市2）のほうが買い物客を引き寄せる力が強いため、集客範囲の境界線は都市2からより離れた（都市1により近い）ところに引かれます。境界線のどちら側にいるかで、都市1に行くか都市2に行くかが決まるということになりますね。これに対して確率的に行動が決まるという考え方では、どちらの都市に買い物に出かけるかは、距離の影響を受けるものの、常にどちらか一方に行くというのではなく、たとえば10回のうち3回は都市1に行き、7回は都市2に行くというように割合で表現されます。こちらのほうがみなさんの実際の行動に合っていると感じませんか？　この点については3.4節の確率的行動モデルでくわしくみましょう。

3.3　距離減衰の概念とその応用

　距離が近い場所ほど相互の関係が強く、離れるにしたがって関係性が弱くなるという地理学の第1法則は、その名のとおり応用範囲が広く、私たちの生活におけるさまざまな現象で距離の影響がみられます。都心からの距離と人口密度、商店からの距離と来客数、音源からの距離と騒音レベルなど、いずれの

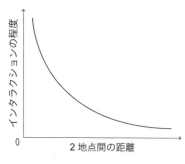

図 3.4 距離減衰の概念
距離が近い場所ほど相互の関係が強く、離れるにしたがって関係性が弱くなるという地理学の第1法則を示します。

関係においても距離が大きくなるにつれて考察対象の変数（人口密度、来客数、騒音レベル）の値は小さくなる、すなわち空間的相互作用（インタラクション）の程度は低くなる傾向があります。この現象は、一般に距離減衰とよばれ、概念的には図3.4に示すようなグラフで表現できます。このように距離とともに徐々に減少するグラフは数式で表すことができ、いろいろな現象に最もよくあてはまる関数形（指数関数やべき関数など）を探すことも研究者の関心を引いてきました。

　その代表的な例として、都心からの距離と地価の関係をみてみましょう（フォン・チューネンによる農業立地モデルでも扱いましたね）。毎年ニュースなどで路線価（道路に面した1平方メートルあたりの土地の評価額）が発表され、各都道府県で一番地価の高い場所として銀座、梅田、天神といった地名が出てくるのをみなさんも聞いたことがあるのではないでしょうか。都市の中心部は中心業務地区とよばれ、業務が集中し、交通の要所として多くの場所から人々が集まります。このような状況を好ましいと思う業種が、商業や小売業、各種オフィスです。多くの人が集まるほどビジネスの機会と利便性、ひいては収益が上がることを考えれば当然ですね。よって、これら商業の土地利用においては、高い地代を支払って都心に店舗を構えることに積極的になる十分な理由があるといえます。同様に工業や製造業も中心部に近いところでの立地を望みますが、広い土地が必要なため、商業よりも外側の、中心部から少し離れた地域に立地します。それに対して居住者について考えると、通勤などの利便性の面では都心に近いところに住む利点はありますが、商業や工業のように高い地代を支払うことは現実的ではなく、また緑が多く居住環境のよい郊外を好ましいと思う居住者も多く、結果的に都市の周辺部に住宅地が展開することになります。そのなかでもより中心に近い側では、高い地代を反映して高層住宅など高密度な居住形態がみられ、周辺部に行くほど低層で広い敷地の低密な住宅街が

広がるようになります。

　このような現象を理論的に説明したモデルが地代曲線とよばれるグラフで、支払い可能な地代と都心からの距離の関係が図3.5のような直線で表されます。これらの直線は縦軸方向の（上下の）位置と傾きが異なり、土地利用によって支払い可能な地代と都心からの距離による地代低下の度合いが違うことを示しています。これは上記でみた距離減衰の概念があてはまる現象の代表例であり、フォン・チューネンによる農業立地モデルが都心を中心とした同心円状の構造をみせた理由でもあります。

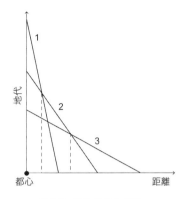

図3.5　地代曲線のグラフ
都心からの距離と地価の関係を概念的に示しており、土地利用によって支払い可能な地代と都心からの距離による地代低下の度合いが違うことがわかります。（グラフ中の1から3の番号は、図2.3に示した酪農・園芸農業、森林、穀物にそれぞれ対応します。）

　距離減衰の概念にもとづいたモデルは、都市の空間現象に関する初期の理論的研究を推進する役割を果たしました。また、距離を重要な変数として取り上げ、その影響を調べるという考え方は、現在でも空間分布や空間行動の研究の基本的枠組みになっています。では、これらの理論モデルにはどのような発展性の方向が考えられるでしょうか。まず、モデルの前提として設けられる仮定を現実に即したものに改良することがあげられます。たとえば、中心地理論では都市の地形や人口分布に関して一様性の仮定を立てましたが、実際の都市ではどうでしょうか？　山や谷、坂道や丘陵地があり、平坦な地形ばかりではありませんね。また私たちはまちの中を道路や鉄道に沿って移動し、一様な平面上をどの方向にも自由に移動できるというわけではありません。人口も集中している場所とそうでない場所があり、さらには私たちの好みや考え方も個人で異なるでしょう。このような新たな条件を考慮することで、現実の空間分布や空間行動をよりよく説明する理論モデルを構築することができます。

　それでは、これまでにみた理論モデルで重要な変数となっている距離の概念についてはどうでしょうか。中心地理論では、私たちが買い物に行く際には一番近いお店に行くと仮定しましたが、ここで考えている距離とはいったい何で

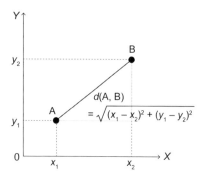

図 3.6 距離の概念
みなさんにとって最も身近なユークリッド距離の考え方ですが、他にも「距離」の指標があることに注目しましょう。(Reprinted with permission of Informa UK Limited through PLSclear from Ishikawa, 2020, p. 90, Figure 4.22)

しょうか？　みなさんが距離と聞いて思い出すのは、数学で勉強した平面におけるユークリッド距離ではないでしょうか。図3.6に示すように、2点間の距離は三角形の斜辺の長さとして求められますね。ただ、先述のように、私たちは2地点間を結ぶ直線距離で移動するとは限りません。いま、京都やマンハッタンのように道路が東西南北に直角に通っているとしましょう（図3.6のx軸とy軸に平行な道路を考えます）。すると、AからBまで行くために歩く距離は、2点間の直線距離ではなく、x軸とy軸に沿った距離の和になりますね（マンハッタン距離とよばれます）。あるいは曲がりくねった道路であれば、その道路に沿った距離になります（ルート距離あるいはネットワーク距離とよばれます）。このように、一口に「距離」といっても、いろいろな種類の距離が考えられることがわかるでしょう。

　すると、上記の重力モデルでは都市間の距離として直線距離を用いましたが、実際に移動する道路に沿った距離（ルート距離、ネットワーク距離）を用いてはどうでしょうか。あるいは、キロメートルやマイルなどを単位とした物理的な距離ではなく、移動にかかる時間で距離を考えることはできないでしょうか？　移動にかかる費用（高速料金や鉄道運賃など）はどうでしょう？　さらには、実際の距離の代わりに、私たちが感じる距離（遠いと思う、近く感じるなどといった心理的な距離）を用いるとどうでしょうか。これらはいずれも都市の空間現象についての発展的な考察につながる重要な視点になります（心理的な距離については第5章でくわしくみます）。

　もう1つの発展的考察として、つぎのことを考えてみましょう。前節で、重力モデルの考え方を応用した都市の集客範囲の推定をみましたが、そこでは、2つの都市の間に境界線が引かれ、そのどちら側に住んでいるかによって買い

物に行く都市がいずれか一方に決まりました（図 3.3）。しかし実際の生活では、みなさんは常に決まった場所に買い物に行くのではなく、いつもと違う場所（図 3.3 の例では境界線の反対側の都市）に行くこともありますね。また、重力モデルでは都市 1 に住む人、都市 2 に住む人というように、各都市に住む人々をひとまとめに取り扱っていますが、それぞれの都市に住む人はみんな同じ行動をすると考えて問題ないでしょうか？　これらの点について、次節で考えてみましょう。

3.4 確率的行動モデル

　これまでにみた重力モデルでは 2 つの場所を考えていました。すなわち、一度に 2 つの選択肢のみを考え、どちらに行くかは常に一定で、1 つに決まっているという想定でした（決定的あるいは確定的なモデルとよばれます）。しかし、私たちが買い物をする場合には、行き先の候補として複数のお店があり、そのなかから一番行きたいと思う場所を選ぶということがよくあります。そうすると、重力モデルのように 2 つの選択肢から行き先が確定的に決まるという考え方よりも、選択肢は（2 つに限らず）複数あり、そのどれを選ぶかは確率的に決まるという考え方のほうが私たちの実際の買い物行動に合致する部分が多そうです。このことを考慮し、私たちが複数の候補から行き先を選ぶ際には、頻繁に（よく）行く場所や滅多に（ほとんど）行かない場所というように各場所に行く程度が段階的に変わるという確率的なモデルが提唱されています（Huff, 1963）。このモデル（ハフモデルとよばれます）では、ある地域（i）に住む人が特定の場所（j）に行く確率が、

$$P_{ij} = \frac{\dfrac{S_j}{T_{ij}^{\lambda}}}{\displaystyle\sum_{k=1}^{n} \dfrac{S_k}{T_{ik}^{\lambda}}} \qquad (4)$$

で与えられます。ここで、S_j は場所 j の魅力度を示し（店舗の売り場面積などで表されます）、T_{ij} は地域 i から場所 j までの距離、λ は定数です。

　このモデル式（4）を使うと、ある地域に存在する複数（n 個）のお店の来店確率の分布を計算することができ、各店がどの範囲に住む人たちをどの程度

の確率で呼び寄せるかを示す商圏曲線を描くことができます（図3.7）。このため、ハフによるモデルはスーパーマーケットの商圏分析や、新規店舗と既存店舗の競合予測などの場面で効果的に用いられています。

　さて、ハフモデルによって、場所の選択という空間行動の理論的な説明において、行くか行かないか（都市1か都市2か）という確定的な見方ではなく、行く可能性が段階的に変化するという確率的な見方が導入され、また3つ以上の都市を選択肢として考えることができるようになりました。ではつぎに、もう1つの発展的考察の課題として先ほど述べた「重力モデルでは都市1、都市2に住む人をひとまとめにして取り扱っている」という点を考えてみましょう。図3.2に示すような2つの都市のどちらに買い物に行くかという問題を重力モデルで考える際には、どのようなデータが必要でしょうか。まず2つの都市間の距離が必要ですね。これについては、地図上で2地点間の直線距離を測り、地図の縮尺（正確には縮尺の数値の逆数、たとえば1/2,500の地図であれば2,500）をかけてやれば計算することができますね。つぎに2都市の規模（魅力度）の指標として人口が必要ですが、これも統計資料集などを見れば人数が

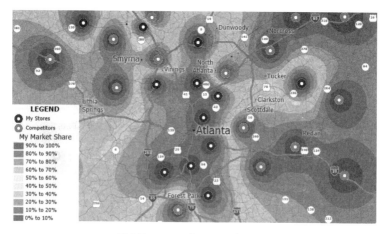

図3.7　ハフモデルによる商圏分析
ハフが提唱した確率的なモデルを用いれば、地域内に存在する複数のお店がどの範囲の人たちをどの程度の確率で呼び寄せるかを示す商圏曲線を描くことができます。この図では、自分のチェーン店（黒い丸印）と競合するチェーン店（グレーの丸印）の集客エリアを色の濃さで示しています。（© Caliper. Maptitude® mapping software. https://caliper.com/maptitude/maptitude-online-mapping-software.htm）

わかりますね。これらの値を重力モデルの式（2）に入れてやれば、2つの都市が引き合う力が求まり、式（3）に入れてやれば、2都市間の集客範囲の境界線も定まりますね。

　すでに述べたように重力モデルは多様な空間行動の記述が可能で、空間現象に対する距離の影響を明らかにした理論的考察として大きな価値をもっています。ところが、私たちがどこに行くかを決める際には、距離を考慮して近いところに行くというだけではなく、行き先の特徴も考慮して決めていないでしょうか。たとえば行き先のお店の候補を互いに比較し、一番よい（あるいはよりよい）と思うところを選びませんか？　言い換えれば、世田谷区の人口や世田谷区と文京区の距離などのようにエリアごとに集計されたデータによって表現できるものとはまた別の側面である空間的な意思決定を各個人がおこなっているとは考えられないでしょうか。

　この点を考慮し、個人の選択や意思決定に着目したモデルは、広く「行動的なモデル」とよばれますが、以下ではそのなかでも代表的な非集計行動モデル（離散選択モデル）をみてみましょう。いま、みなさんの家の近所に特徴が異なるスーパーマーケットが何店かあるとしましょう。スーパー A は家から近いけれども、商品の値段が高めです。スーパー B は家から少し遠くにありますが、商品の値段が比較的安くなっています。スーパー C は家から遠く、商品の値段も高めですが、品質の高いものが売られています。このとき、みなさんはこれらの店舗の特徴（距離、値段、品質）を比較し、一番よいと思う店舗を選ぶでしょう。ここで問題となるのは、何をもって「よい」と判断するのかということです。私たちはどのような（心理的な）計算を心の中でやっているのでしょうか？　非集計行動モデルでは、各対象の特徴を決める項目（上の例では距離、値段、品質）を点数評価し、それらの重みづけを変えて（重視する項目は係数の値が大きい、あまり重視しない項目は係数の値が小さい）足し算することで各店舗のよさを算出します。そして、このよさを表す数値が一番大きな店舗に行くということになります。これを少し専門的な言葉で述べると、比較対象の店舗を判断する基準（特性）を決め、それらを重要度に応じて重みづけして加えた値をその店舗の効用とみなし、効用が最大となる店舗を選ぶということになります（McFadden, 2000）。これを数式で表すと以下のようにな

表 3.1 　非集計行動モデルによる店舗の効用と来店確率の計算例

	距離	値段	品質	効用	来店確率
スーパー A	4	2	4	16.4	0.19
スーパー B	3	4	3	17.8	0.79
スーパー C	1	2	5	14.2	0.02
重みづけ	1.3	2.2	1.7		

ります：

$$U_i = V_i + E_i \quad (5)$$

$$V_i = \sum_{j=1}^{n} a_j \cdot x_j \quad (6)$$

$$P_i = \frac{\exp(V_i)}{\sum_{k=1}^{r} \exp(V_k)} \quad (7)$$

ここで U_i は店舗 i の効用であり、観測し特定することができる部分 V_i（確定項とよばれます）と個人ごとに確率的に変動する部分 E_i（誤差項とよばれます）に分かれると考えます。そのもとで、観測できる効用 V_i は、店舗の各特性値 x_j に重要度を示す係数 a_j をかけて足し合わせたものとして計算します（いま n 個の特性を考えるとします、$j = 1, 2, \cdots , n$）。このように各店舗の効用が求まれば、周辺の住民が各店舗を訪れる確率（r 個ある店舗それぞれのマーケットシェアと考えることができます）は、多項ロジットモデルという考え方を用いると式（7）によって算出することができます。

　いま、3 つのスーパーマーケット A、B、C があり、それぞれの店舗までの距離、商品の値段、品質の評価値（5 段階での評定値）と重みづけ（係数）が表 3.1 のようになっている場合を考えましょう。このとき各スーパーの効用は、

$$V_A = 1.3 \times 4 + 2.2 \times 2 + 1.7 \times 4 = 16.4$$

$$V_B = 1.3 \times 3 + 2.2 \times 4 + 1.7 \times 3 = 17.8$$

$$V_C = 1.3 \times 1 + 2.2 \times 2 + 1.7 \times 5 = 14.2$$

と計算できますから、それぞれの店舗を訪れる確率は、

$$P_A = \exp(16.4) / [\exp(16.4) + \exp(17.8) + \exp(14.2)] = 0.19$$

$P_B = \exp(17.8) / [\exp(16.4) + \exp(17.8) + \exp(14.2)] = 0.79$

$P_C = \exp(14.2) / [\exp(16.4) + \exp(17.8) + \exp(14.2)] = 0.02$

と求めることができます。

　非集計行動モデルの登場により、それまで集計データにもとづいた理論モデルにより進められてきた空間現象の考察が、さらなる深化を遂げました。とくに、さまざまな空間的な現象や行動を個人レベルでの意思決定を考慮に入れながら考えることが可能となり、より詳細な行動分析や行動予測をすることができるようになりました。さらには、非集計行動モデルにおける「効用が最大となるお店を選ぶ」という仮定をさらに人間の行動に合致するように改良し、「最適（効用最大化）を求めないが、ある程度以上要求を満足させるものでよしとする（満足化）」という見方も取り入れられるようになりました（Simon, 1990）。この見方は、人間の行動や意思決定のプロセスを完全な合理性ではなく限定的な合理性で特徴づける点に意義があり、人間の認識や行動に関する理論的考察に新たな道を切り拓きました。みなさんも、周辺にあるすべてのお店の場所を正確に把握し、各店の属性もすべて考慮に入れて計算したうえで、最大の効用を与えるお店を選ぶことが理想ではありますが、ある程度のところで満足して「よし」と判断するのが通例ではないでしょうか。なぜなら、私たちの頭の中の地図は正確ではありませんし、知識の量や情報処理の速度にも限りがあるからです。このように個人レベルでの行動を意識し、個人の認識に焦点をあてた行動分析は、場所のエクスペリエンスを考える基礎となりますが、いよいよ第5章からこの研究についてのくわしい議論をはじめることにしましょう。その前段階として、つぎの第4章では、私たちが認識する価値の問題を考えましょう。

［さらに深く考えるためのディスカッション課題］

(1) 私たちの 1 日の行動を時空間パスとよばれる手法を用いてビジュアライズすることができます。みなさんの自宅周辺の地図を水平面（xy 平面）とし、それと垂直に起床時から帰宅・就寝時までの時間を示す軸（z 軸）を取った 3 次元空間内で、訪れた場所を時間の経過とともにプロットしてみましょう。みなさんの空間行動が示された時空間パスを見てどのように思いましたか？　一般に空間行動とよばれるものにはどのような特徴があるでしょうか？　空間行動についてみなさんが理論的に考えてみたいテーマはありますか？

(2) みなさんの家族や友だち 10 人に、日用品や食料品のための買い物と趣味や嗜好のための買い物でどこに行くかを尋ねてみましょう。その回答を地図にプロットし、移動距離と訪問頻度の関係をグラフに表してください。結果からどのようなことがわかりますか？

(3) みなさんの身のまわりで距離減衰の概念があてはまる現象を思いつくだけあげてみましょう。この考え方が地理学の第 1 法則とよばれる理由がわかりますか？　また、最近ではインターネットの利用が進み、買い物や他の人との交流でも「その場に行く」ということが少なくなってきたといわれます。そのような状況でも距離減衰の考え方は有効でしょうか？

(4) 現在ではさまざまな地理情報がオープンデータとして利用可能になっていますが、いくつかの都市の人口、都市間の距離と人の移動数がわかるデータを探してみましょう。そのデータを使って、重力モデルによって都市間の人の移動をどの程度説明できるか試してください。また、都市間の人の移動を推定する際に重力モデルがどのように利用されているか調べてください。

(5) 上記の (4) では都市の魅力度を表す変数として人口を用いましたが、他にはどのような変数を都市の魅力度として使うことができるでしょうか？

(6) ハフによって提唱された確率的な行動モデルを用いて、コンビニエンスストアの新規出店の候補地を検討したいと思います（図 3.7 を参照してください）。そのためにはどのようなデータが必要でしょうか？　また、モデル式 (4) をどのように使うとよいでしょうか？

(7) みなさんの近所のスーパーマーケットやコンビニエンスストアを 3 店探してください。それらの店舗を特徴づける項目を 4 つ考え、各項目についてそれぞれの店舗を評価して得点を与えてください。そして、あなたが考える各項目の重要度にもとづいて重みづけを考え、モデル式 (6)、(7) をもとに各店舗の効用と来店確率を求めましょう（表 3.1 のようなデータが得られますね）。得られた結果はみなさんの予想と一致していますか？

第4章　都市における経験と選択
——価値という側面から——

【第4章の目標】この章では、私たちの行動を「選択」という観点から眺めてみましょう。本書の冒頭で、私たちは毎日の生活でモノや場所に触れ、関わりをもちながら、さまざまな経験をし、何かを思い、考え、感じていると述べました。このような経験や感情は普段は意識することがないですが、無意識に感じているからこそ、私たちの生活にとって欠かせない基本的なものだという見方も重視してきました。このようなモノとの関わりにおける私たちの感情や評価が行動と深い関係をもつ日常の代表的な例として、複数の選択候補のなかから1つを選ぶという場面があげられます。スーパーで品質と値段の違う商品を比較して買う、駅まで行くルートの候補から1つを選ぶ、家賃と最寄り駅を考慮して借りる物件を決めるなどがその具体的な例です。この際、なぜその商品、ルート、物件をよいと判断して選ぶのでしょうか？　私たちが製品やサービスに対して感じる価値はどのように決まるのでしょうか？　私たちのエクスペリエンスと価値はどのような関係にあるのでしょうか？　これらの疑問を、価値・効用とその心理的評価という観点から考えてみましょう。

4.1 私たちの心理的な評価と価値

　ここまで空間現象の理論的考察の代表例として、都市の土地利用分布と空間的相互作用に関する理論モデルをみてきました。私たちの空間行動を説明しようとする取り組みがどのようにはじまったのかを理解していただけたのではないかと思います。本書の冒頭で、都市を理論的に考察するうえで、都市空間と私たちのインタラクションから生じるエクスペリエンスに焦点をあてることが重要かつ興味深い視点を与えてくれることを述べました。なぜなら、私たちのさまざまな行動は、物理的な空間だけではなく、その空間についての（直接的・間接的な）経験を通して私たちが心の中にもつ思いや考えにもとづいているからでした（図4.1）。お気に入りの店に買い物に行く、心地よいカフェで時間を過ごす、不安を感じる場所には近づかないなど、日常生活の（何気ない）行動を思い起こしても、みなさんがどのように感じるかという心理的な側面の重要性に気づくのではないかと思います。

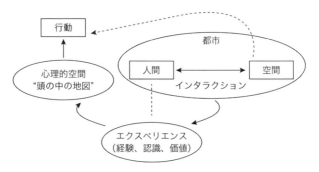

図 4.1　場所のエクスペリエンスと心理的な空間
私たちの空間行動は、物理的な空間に影響を受けるとともに、その中での経験を通して私たちが心の中にもつ思いや考え（頭の中の地図、都市のイメージ）にもとづいています。

図 4.2　エクスペリエンスとは？
私たちの心の中の思いや考えは主観的で漠然としたものというイメージでとらえられがちですが、それを客観的に把握することはできるでしょうか。もしできなければ、デザイナーの立場でユーザーのいい経験を作り出すことはできなくなりますね。(Image from https://pixabay.com/)

　では、この心理的なエクスペリエンスの内容、すなわちみなさんの「いい／悪い」という心理的な評価をくわしく「知る」ことはできるでしょうか？　エクスペリエンスというのは私たちの心の中にあるものですから、直接的には見ることができません。そのため、図4.2の「？マーク」のように、何となくもやっとしたイメージでとらえられることが多いかもしれません。先ほど述べたように私たちの行動に重要な影響を与えるエクスペリエンスですが、もしそれを知ることができなければ、設計者・デザイナーが私たちのいい経験を作り出すことはできなくなりますね。それは少し困ったことです。

　しかし実際、私たちのエクスペリエンスはきちんと知る（評価する）ことができます。そして、そのように私たちの心の中をのぞいてみることは、理論的に多くのことを明らかにしてくれますし、応用面でも貴重な視点を提供してくれます。システム設計、情報デザイン、都市プランニングなどにおいて、広い意味でのユーザーの思いを知ることが、いいシステム、わかりやすい情報、居住者にやさしい都市を作ることにつながるという

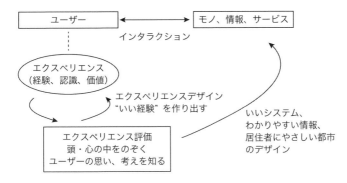

図 4.3　ユーザーエクスペリエンスデザインの考え方
私たちのエクスペリエンスを知ることで、いいシステム、わかりやすい情報、居住者にやさしい都市をデザインすることができるようになりますね。

のは容易に想像がつくでしょう（図 4.3）。

　本章では、私たちがモノ、サービス、場所に対して感じる思い（言い換えると心理的な評価）を価値という側面から考えてみましょう。たとえばみなさんが家を借りる場合、最寄り駅から近いか、勤務先まで行きやすいか、近くにスーパーやコンビニがあるか、閑静な住宅街か人通りの多い場所かなど、いくつかの条件を考慮して決めると思います。これらの条件がみなさんの希望に近い場合は、ある程度家賃が高くても住みたいと思うのではないでしょうか。反対にこれらの条件がみなさんの希望を満たさない場合でも、家賃が安ければ借りてもいいと判断することがあるかもしれません。その他いろいろな商品やサービスについても、さまざまな条件と価格の釣り合いを考えて購入するかどうかを決めますね。さらには、プラスチックごみ削減のためのエコバッグの利用、居住地周辺の都市再開発の計画、環境保護のための自動車の交通規制など、市場で取り引きされるモノ（商品）ではない事柄に対しても、みなさんの意見や考え方があり、すなわちみなさんが心理的に評価する価値を考えることができますね。

　第 2 章でみた土地利用に関する理論モデルでも、距離が重要な変数であるとともに、地価や輸送コストといった価格が重要な要素になっていました。このように、都市の空間現象を理論的に考察するにあたっては、広い意味での経済的な視点（貨幣価値）が重視されてきました。振り返れば、歴史的にみても都

市への人口集中が起こった背景には経済活動の発展（たとえばヨーロッパでの産業革命）があったように、都市と経済は密接に結びついているといえます。本章では、私たちの場所のエクスペリエンスを解明する一手段としての価値の問題に焦点をあて、貨幣価値（いくらかかるか、いくら支払うか）という視点から都市のさまざまな現象を評価する手法をみていきましょう。

4.2 環境の特性と地価の関係：ヘドニックアプローチ

人間と空間のインタラクションから場所のエクスペリエンスが生じるという基本的な考え方に立ち、空間を利用し、空間の中で生活・行動する人、すなわち都市のユーザーをみるとき、その代表者は居住者ということになります。衣食住という言葉があるとおり、居住は私たちの生活の重要な一部分ですが、当然ながら居住のためには住むところ（住宅）が必要です。そして、住むためには費用がかかりますね。家を借りるためには家賃を払いますし、住宅や土地を購入するためには住宅・土地の価格に応じた金額を支払うことになります。私たちは、同じ家賃を払うのであれば、よりよい住宅に住みたいと考えるのが当然ですね。言い換えれば、いい住宅であれば家賃が高くても納得できますが、それほどいいとは思わない住宅であれば高い家賃は払いたくありません。つまり価格と条件を天秤にかけているといえますね（図4.4）。

図 4.4　住宅や土地の評価
私たちが住宅や土地に対して感じる価値を貨幣価値の観点から調べることはできないでしょうか。ヘドニックアプローチは、住宅や土地の属性や周辺環境の条件が家賃や地価に与える影響を理論的に分析します。(Image from https://pixabay.com/)

上記は一見当たり前のように思えますが、都市の研究者はこのことを真剣にとらえ、価格（地価、住宅価格、家賃）と条件（土地や住宅を特徴づける特性）にはどのような関係があるのかを理論的に考察します。そのために用いられる手法はヘドニックアプローチ（ヘドニック価格法）とよばれています。ヘドニックとは、快・不快の感情に関する評価を指す言葉です。みなさんも、いいと思うものや心地よい場所を好み（高く評価し）、悪いと思うものや居心地がよくないと感じる場所を嫌だと思う（低く評価する）のではないでしょうか。実際、快・不快に関する評価は、人間の感情を構成する重要な要素であることがわかっています（このような研究分野は環境心理学とよばれ、第7章でくわしくみます）。ヘドニックアプローチは、プラス・マイナスの評価を価格を指標として考える手法であるといえます（建設省建設政策研究センター, 1998）。

　では、住宅や土地を特徴づけ、価格を決定する条件としては何が考えられるでしょうか。住宅の広さ、間取り、築年数など、住宅そのものに関する条件があるでしょうし、最寄り駅までの距離、通勤にかかる時間、日常の買い物の利便性、日当たりのよさや騒音の有無など周辺環境に関する条件もあるでしょう。ヘドニックアプローチでは、これらの諸条件が住宅の価値を決めていると考え、また住宅の価値として貨幣価値（価格）を取り上げる点に特徴があります。そして、よい条件の住宅ほど価値が高く、価格が高いと考えます。すなわち、価値の理論的考察をおこなうヘドニックアプローチでは、一方で住宅の価値を住宅価格によって測り、もう一方で住宅の性能や環境の条件として考えられるさまざまな特性を測定し、両者の関係を調べることを目的とします。

　ここまでの話を聞いて、みなさんのなかには、ある変数と他の変数の関係を調べるための統計手法である回帰分析を思い浮かべた人もいるのではないでしょうか。簡単に言えば、ヘドニックアプローチでは、住宅の価格を従属変数（目的変数）、住宅性能および環境条件を示す特性変数を独立変数（説明変数）として回帰分析をおこなっていることになります。上で述べたように、特性変数としては、敷地面積、築年数、駅からの距離、通勤時間など複数の変数が考えられるため、説明変数は通例1つではなく複数の変数の集合（特性の束あるいは属性の束とよばれます）となり、以下のような重回帰分析をおこなうことになります：

$$p = \beta_0 + \beta_1 \cdot z_1 + \beta_2 \cdot z_2 + \cdots + \beta_n \cdot z_n + e \quad (8)$$

ここで p は住宅価格、$z_1 \sim z_n$ は住宅性能・環境条件を示す特性変数、$\beta_0 \sim \beta_n$ は推定すべき係数（パラメーター）、e は誤差項を表します。なお、ここでは説明を簡単にするため住宅を対象としてその価格（または家賃）を目的変数としていますが、土地を対象に地価を考える際も同様です。

　この式からわかるように、ヘドニックアプローチでは、住宅の価格 p は特性変数 z の集合（特性ベクトル）にもとづいて市場で決定されると考えます。よって式（8）は市場価格関数ともよばれ、住宅価格のデータおよび特性ベクトルのデータから重回帰分析によって係数 $\beta_0 \sim \beta_n$ を推定することになります。

　目的変数である住宅や土地の価格については、実際の不動産取引データや地価公示データを用いることができます（国土交通省による不動産情報ライブラリなど）。では価格に影響を与える住宅性能や環境条件としての特性変数にはどのようなものが考えられるでしょうか。ヘドニックアプローチを用いたこれまでの研究では、敷地面積、延べ床面積、築年数、最寄り駅までの距離（時間）、都心までの距離（時間）、近隣にある商業施設・緑地・公園などの面積、敷地の形状、前面道路の幅員、騒音レベル、日照時間、迷惑施設の有無、市区町村・用途地域・鉄道路線を示すダミー変数などが考えられてきました。また上記のような物理的な変数に加えて、周辺環境に関する主観的あるいは心理的な評価（建物の質、空気のよさ、緑の豊かさ、利便性など）を示す変数を市場価格関数に組み入れて考えることもあります。

　一例として、札幌市の住宅地を対象とした分析（愛甲ほか, 2008）では、

（1m^2 あたりの地価）＝ 97,577.28 ＋ 16.00 ×（土地面積）－ 5,116.57 ×（間
　　口に対する奥行きの比率）－ 15,181.50 ×（用途地域ダミー）
　　－ 6.38 ×（最寄り駅までの距離）－ 2.29 ×（都心駅までの距離）
　　＋ 0.02 ×（近隣の公園の面積）

という推定結果が得られています。これより、各係数の正負をみると、面積が大きい土地、近隣に大きな公園が存在する土地ほど単位面積あたりの地価が高く、反対に、間口の幅に対して奥行きの長さが大きな（奥行き方向に細長い）土地、他の地域とくらべ第一種低層住居専用地域にある土地、最寄り駅および

都心駅までの距離が遠い土地ほど単位面積あたりの地価が低い傾向があること
がわかります。

　なお、発展的な内容として、ヘドニックアプローチでは、住宅価格と特性変
数に加えて、住宅を必要とする人（消費者）と住宅を供給する人（生産者）の
属性に関しても考察されるのが一般的です。消費者に関しては、ある特性をも
つ住宅に対していくらまでなら支払ってもよいと思うかを表す関数を導入しま
す。これは付け値関数とよばれ、住宅についてある好みをもつ消費者が一定の
予算のもとで一定レベルの満足（効用）を得たいと考える際に、最大限いくら
までならお金を出すかを示します。同様に供給者に関しても、ある技術的条件
を有する生産者が一定のもうけを得ようとする場合に、その住宅を最低いくら
なら提供できるかを示す関数（オファー関数）を導入します。

　よってヘドニック分析ではこれら 3 つの関数（市場価格関数、付け値関数、
オファー関数）を推定することが必要となりますが、それは実際にはむずかし
いため、いくつかの仮定（消費者はみな同じ嗜好をもつ、全員が同じ付け値関
数をもつなど）を置き、土地取引や公示地価などのデータを用いて市場価格関
数を推定することが通例です。

4.3 環境価値および環境改善効果の測定：仮想市場評価法

　上記のヘドニックアプローチでは、住宅の価格は性能や環境の条件によって
決まると考え、部屋の広さや駅までの距離などさまざまな特性変数が価格に与
える影響を分析しました。そこでは、住宅は市場で取り引きされる（売り買い
される）商品であるため、その価値を市場価格という変数で考察することが可
能でした。そのうえで、特性変数がさまざまな条件の住宅（敷地面積が広い／
狭い、駅までの距離が近い／遠い、日照条件がよい／悪い）の価格を調べるこ
とで、市場価格関数を推定することができました。具体的には、各説明変数が
もつ回帰係数の値をみることで、それぞれの環境条件が一定程度変化したとき
（他の説明変数の値は固定）に、価格がどの程度変化するかを知ることがで
きます。たとえば 4.2 節でみた回帰式から、単位面積あたりの土地の価格は、
土地の面積が $10m^2$ 大きくなると 160 円上がり、間口に対する奥行きの比率が
10% 大きくなる（細長い敷地になる）と約 512 円下がり、第一種低層住居専用

地域ではそれ以外の地域より約15,182円下がり、最寄り駅までの距離が100m長くなると638円下がり、都心駅までの距離が100m長くなると229円下がり、近隣の公園の面積が10m^{2}大きくなると0.2円上がることがわかります。このことを専門的な言葉で表現すると、土地および環境に関するそれぞれの特性値が一定量変化した場合に、地価上昇という利益（便益）をどの程度受けるか、あるいは反対に地価下落という損失（費用）をどの程度被るのかを予測することができます。このように、環境条件を変化させることの効果を貨幣価値で測ることができるのがヘドニックアプローチの利点でした。

しかし、私たちが環境について考える際には、対象が市場取引される商品やサービスではない場合も多くあります。絶滅が危惧される動物の保護を進めるための基金を創設する、大気汚染の改善を目的として自動車の乗り入れ規制や道路利用税の導入を進めるなどといった取り組みは、市場で取り引きされた前例がないことが多く、住宅や土地のように市場価格という観測データが存在しません。しかし、上記のような環境改善やリスク削減の取り組みの価値を知ることは、公共政策の立場からも重要な意味をもちます（図4.5）。

では、市場で取り引きされない事業や政策の価値をどのように測ることができるでしょうか？　そのための方法として用いられる手法のひとつに、仮想市場評価法（CVM）とよばれるものがあります（岡, 1999）。これは、回答者に環境改善やリスク削減の具体的な取り組みを想定してもらい、それに対してい

図4.5　事業や政策の価値
市場で取り引きされない環境改善やリスク削減の取り組みを客観的に評価することは、公共政策の費用対効果を知るためにも重要です。たとえば、森林公園の環境保全の価値をどのように評価できるでしょうか？ (Image from https://pixabay.com/)

くらなら支払う意思があるかを尋ねる方法です。先ほどの例でいうと、動物保護のための基金や大気汚染改善のための税としていくら支払ってもよいと思うかを尋ね、これらの取り組みの効果を貨幣価値で評価しようという試みです。具体的な尋ね方としては、「その取り組みがもたらす利益を享受できるのであればその代価としていくら支払ってもいいと思いますか」というように支払意思額を尋ねる方法と、「その取り組みによって損失を被る可能性がある場合その補償としていくらの受け取りを望みますか」というように受入補償額を尋ねる方法の2つがあります。

　以下では、仮想市場評価法を用いて環境改善の価値を調べた実際の例を見てみましょう。林野庁（2024）は、「林野公共事業における事業評価マニュアル」として、林野公共事業における費用対効果分析の実施要領をまとめており、その中で、環境保全便益評価のための仮想市場評価法の利用を解説しています。そこでは、森林公園の整備に対する支払意思額をつぎのような質問で尋ねています：

　　○○森林公園は、○○村北部の○○高原にあり、豊かな自然環境を活かした森林レクリエーションができる森林公園で、訪れる人は無料で利用することができます。71ヘクタールの公園内には遊歩道が整備され、探鳥会、植物観察会、森林浴など、地元のみならず遠方の人々にも親しまれています。とくにミズバショウの群生地があることから、春先の花の時期には多くの人が訪れます。

　　現在、遊歩道、トイレ、休憩所などの施設は車椅子で利用可能なバリアフリータイプにはなっておらず、また一部老朽化も目立っておりますが、○○県では、今後これらの施設についてバリアフリー化を進めるとともに、案内板の設置など施設の充実を図る計画があります。これらの整備により、あらゆる人がこれまでよりも快適に森林レクリエーションを楽しめるようになります。

　　そこでお聞きしますが、これらの整備に要する費用を入園料でまかなうとした場合、あなたの1回あたりの入園料が最高いくらまでなら支払ってもよいと思いますか。

　　なお皆様の回答により、実際に入園料を求めたり基金を募ることはあ

りません。（林野庁, 2024, pp. 1-IV-6, 1-IV-7, 一部改）

　これをみると、仮想的な市場を想定して環境価値を分析するためにどのような質問をすればよいかがわかると思います。評価の対象となる取り組みが仮想的に想定したものなので、その状況や内容をできるだけ明確に説明し、回答者が何を評価し、何を答えるべきなのかをわかりやすく示す必要があります。

　回答者の答え方にもいくつかの方法があります。1つは、支払ってもいいと思う最大金額を自由に答えてもらう方法です（月あたり○○円、年あたり○○円など）。もう1つは、金額の選択肢を一覧表の形で提示し、そのなかから1つを選んでもらう方法です。さらには、まず1つの金額を提示し、それに賛成か反対を答えてもらい、賛成の場合はより高い金額を提示し、反対の場合はより低い金額を提示してあらためて賛成か反対かを尋ねるという方法もあります。

　仮想市場評価法を用いるにあたっては、いくつか考えるべき点も指摘されています。たとえば、回答者の答えた金額が本当に支払意思額を表しているのかという問題や、支払意思額で尋ねた場合と受入補償額で尋ねた場合で回答が一致しない傾向があるという問題があります。また、回答者のグループを代表する値としての支払意思額を算出する際には、各回答者が答えた金額の平均値を用いればいいのか、それとも中央値を用いるべきかといった議論もあります。これらの問題点を認識したうえで、質問の尋ね方や回答の分析のための適切な方法を考慮すれば、市場価格をもたない環境の価値を測るための有効な手段として仮想市場評価法を活用することができるでしょう。

4.4 製品の属性とユーザーの選好の関係：コンジョイント分析

　上でみた仮想市場評価法は、市場で取り引きされる商品やサービスとは性質を異にする事業や政策の価値を評価する点に特徴がありました。またもう1つの特徴として、評価の対象としては単一の属性のものを扱っている点があげられます。動物保護のための基金を創設する、自動車の通行規制のため道路利用税を徴収するというように、回答者に評価してもらう環境対策の取り組みはそれぞれ単一の政策でした。これに対して、現実の製品やサービスの価値は複数の属性によって決定されることが一般的と考えられます。たとえばスマートフォンの価値（市場価格）は、ディスプレイ解像度、カメラの性能、ストレージ

容量、バッテリー性能、防水性、生体認証、音楽再生機能（ハイレゾ対応）などいくつかの属性で決まっており、みなさんもお店でスマートフォンを購入する際には色やデザインとともに上記の各機能を考慮して、価格と相談しながら決めるのではないでしょうか（図4.6）。

図 4.6　スマートフォンの価値と評価
ディスプレイ解像度やカメラの性能など個々の属性が異なるスマートフォンを互いに比較して購入する場合、私たちは製品のよさを価格と相談しながらどのように判断しているのでしょうか？ (Image from https://pixabay.com/)

このことを少し専門的な言葉を使って述べると、個々の属性の効用（部分効用）が製品全体の効用（全体効用）を決めているといえます。この考え方にもとづいて製品やサービスの価値を分析する手法として、コンジョイント分析とよばれるものがあります。その説明のため、多くの候補のなかからどの製品やサービスを購入するか決めるという選択行動を、以下のような心理的なプロセスで考えてみましょう（Louviere, 1988）。

(1) 何か購入したい製品（上記の例ではスマートフォン）がある。
(2) その製品に関する一般的な情報（機能や価格など）を調べる。
(3) いろいろな候補を比較する際に重要となる製品の属性（上記の例ではディスプレイ解像度やカメラの性能など）を設定する。
(4) 候補となる製品の各属性を評価する。
(5) それぞれの製品について上記(4)の各属性の評価を総合して全体評価をおこなう。
(6) 購入する製品を決定する。

この心理的な意思決定プロセスの(4)と(5)が、先ほど「個々の属性の効用（部分効用）が製品全体の効用（全体効用）を決める」と述べたことを意味しています。ここで効用という言葉は、各人がその製品がどれだけ自分の目的を満たすと感じるかという満足度の程度を表しています。すなわち、ある製品をどの程度よいと思うか（気に入るか）は、その製品の各属性に対する満足度を足し合わせたものであると考えることができ、以下のような式で表せます：

$$U_i = u_{i1} + u_{i2} + \cdots + u_{ir} \quad (9)$$

ここで、U_i は製品 i の全体効用、$u_{i1} \sim u_{ir}$ は製品 i の各部分効用、r は考慮する属性の数を示します。

　さて、このような分析をおこなうためには式 (9) の全体効用と部分効用に関するデータが必要となります。そのために、コンジョイント分析では、各属性の値が異なる製品を回答者に評価してもらい、その回答値を分析するという方法が用いられます。スマートフォンの例で説明すると、たとえば価格、ディスプレイ解像度、カメラの性能を属性として設定し、これら 3 つの属性の値がどのような組み合わせの製品がより好まれるかを調べるという方法です。簡単のため、いま価格については 7 万円と 9 万円の 2 水準、ディスプレイ解像度については高解像度と低解像度の 2 水準、カメラの性能については高性能と低性能の 2 水準を考え、表 4.1 のような 8 通りの組み合わせ（＝ 2×2×2）の製品 A 〜 H を考えましょう。

　コンジョイント分析では、上記 8 つの製品を回答者に示し、これらのよさを答えてもらいます。すなわち、回答者の評価結果にもとづいて、これら 8 つの製品の全体効用に関するデータを得ようとするのです。

　では、これら 8 つの製品のよさをどのように回答してもらえばいいでしょうか。よく用いられる方法は、8 つの製品 A 〜 H をよいと思う順番（好きな順番、購入したいと思う順番）に並べてもらうという方法（フルプロファイル法）です。これにより、1 位から 8 位という順位値で全体効用のデータを得ることが

表 4.1　コンジョイント分析のために回答者に評価してもらう 8 種類の製品

製品	価格	解像度	カメラ性能
A	7 万円	高	高
B	7 万円	高	低
C	7 万円	低	高
D	7 万円	低	低
E	9 万円	高	高
F	9 万円	高	低
G	9 万円	低	高
H	9 万円	低	低

できます。また、それぞれの製品に対して、よいと思う程度に応じて点数を与えてもらう方法（評定法）もあります。この場合、5段階や7段階あるいは10点満点などで各製品に点数をつけてもらい、その点数を全体効用を示す値として用います。さらには、8つの製品を2つずつのペア（組み）で提示し、どちらがいいかを選んでもらうという方法（一対比較法）もあります。

　全体効用についての回答データが得られたら、続いて各属性の評価（部分効用）について考えていきますが、ここにコンジョイント分析のおもしろさがあります。先ほど、全体効用は部分効用の和で求められると述べましたが、いま、フルプロファイル法を用いて製品の評価（全体効用）のデータが選好順位として得られているとすると、製品 i と製品 j について、「選好順位が i のほうが j より上位にある（i のほうが j よりも好まれる）ならば i のほうが j より全体効用が高い（$U_i > U_j$）」という条件を満たすように、各属性の水準に対する部分効用 $u_{i1} \sim u_{ir}$ を決めていきます。回答された全体効用の順位値から上記のような仮定を満たす部分効用値を算出する具体的な方法については専門書がくわしいですが（君山, 2021; 木下・大野, 2004）、コンジョイント分析の一般的な利用者の立場としては、R などの代表的な統計ソフトを用いることでこれらを算出することができます。

　いま、上記の8つの製品を回答者に評価してもらった結果をコンジョイント分析した結果、3つの属性（価格、解像度、カメラ性能）の部分効用に関して以下のような結果が得られたとしましょう。R などのプログラミング言語を用いてコンジョイント分析をおこなうと、表4.2 のようなアウトプットが出力されます。

　この結果はどのように解釈できるでしょうか。スマートフォンの製品評価においては、価格が安く、解像度が高く、カメラ性能が高い製品のほうが全体効用（満足度）が高くなっていることがわかります。具体的には、価格が7万円の製品は全体効用がプラス3.25ポイントとなるのに対し、9万円の製品はマイナス3.25ポイントになります。同様に、高解像度の製品は全体効用がプラス1.65ポイントに対し、低解像度の製品はマイナス1.65ポイントとなり、また高カメラ性能の製品は全体効用がプラス0.52ポイントに対し低カメラ性能の製品はマイナス0.52ポイントとなっています。これで各属性の影響の大きさ

表 4.2 コンジョイント分析から得られた結果

属性	水準	部分効用	レンジ	重要度
価格	7 万円	3.25	6.50	60%
	9 万円	–3.25		
解像度	高	1.65	3.30	30%
	低	–1.65		
カメラ性能	高	0.52	1.04	10%
	低	–0.52		

と向き（正負）がわかりましたね。

　つぎに、それぞれの属性が全体効用に与える影響の大きさを属性間で比較してみましょう。その際に使われるのがレンジ（範囲）とよばれる指標です。この指標は、各属性に対する部分効用の最大値と最小値の差を表し、たとえば価格のレンジは、水準 7 万円に対する部分効用 3.25 と水準 9 万円に対する部分効用 –3.25 の差である 6.50 となります。同様にして、解像度のレンジは 3.30、カメラ性能のレンジは 1.04 となりますね。これらの値をみると、価格、解像度、カメラ性能の順に影響の程度が高く、消費者はスマートフォンを選ぶ際に、価格を最も重視し、そのつぎに解像度、そして最後にカメラ性能を考慮するといえます。また、影響の大きさを比較しやすいように、すべての属性に対するレンジの和を 100 として、それに対する各属性のレンジの割合（%）を重要度とよぶことがあります。上記の例では、価格の重要度が全体の 60% を占め最大であり、次いで解像度の重要度が 30%、カメラ性能の重要度が 10% であることがわかります。

　ある製品の好ましさ（価値）というのは、製品に対する私たちの心理的な評価であり、製品とユーザーのインタラクションから生じる経験を考察の対象とするユーザーエクスペリエンスの研究にとって最も基本となる概念でした。このような私たちの心の中の思いを全体効用と部分効用という考え方から探ることができるという点で、コンジョイント分析はとても有効な手法です。特徴が異なる製品の評価を属性という構成要素に分解して分析することで、製品選択という意思決定の背後にある（心の中にあって直接は見えない）プロセスを明らかにするというおもしろさを感じてもらえればと思います。コンジョイント分析の手法は、製品設計の段階でいろいろな属性を変えた組み合わせを作り、

ユーザーによる評価を調べることでよりよいデザインを探るという目的でも使われ、また実験計画法（あるいは直交表）という考え方にも密接に結びついて、広く応用されています。

[さらに深く考えるためのディスカッション課題]

(1) みなさんが好きな物、場所、小説、映画、音楽、アイドルなどをあげてください。それらが好きな理由を他の人に説明してみましょう。自分の思いを人に伝えられるでしょうか？　あるいは人の思いを知ることはできるでしょうか？　主観的な思いを客観的に評価することはできるでしょうか？

(2) 日常のみなさんの行動を思い返してください。たとえば通学のために最寄り駅まで歩く、スーパーで買い物をする、昼食のメニューを選ぶ、教室でどこに座るか決める、週末に見る映画を友だちと相談するなどいろいろな行動があると思いますが、みなさんの行動を決める（選択する、意思決定をする）際に「好み」が与える影響はどの程度だと思いますか？　また他の影響としてはどのようなことが考えられるでしょうか？

(3) さまざまなモノに対して私たちが感じる価値を主観、イメージ、心理という観点から評価することの意義を議論してください。また、主観、イメージ、心理を客観的に評価することはできるでしょうか？　それはどのようにすれば可能でしょうか？

(4) みなさんが住む地域の土地の価格や賃貸物件の家賃を住宅情報サイトで調べてみましょう。また、みなさんが住む場所を決める際に考慮する項目を複数あげ、それらのデータを用意しましょう。これらをもとに地価・家賃のヘドニック分析をおこない、説明変数として組み入れた各項目の影響の程度をみてください。みなさんの事前の予想とどの程度一致していますか？

(5) 市場で取り引きされない事業や政策の価値を測る手法として仮想市場評価法をみました。市場で取り引きされないがみなさんがその価値を知りたいと思う対象をいくつかあげてください。本章では支払意思額を尋ねる例を紹介しましたが、受入補償額を尋ねる例を考えてみましょう。また、みなさん自身が仮想市場評価法による質問に答えてみて、支払意思額や受入補償額の回答額が、実際にみなさんが感じているそれらの価値をどの程度正確に反映していると思いますか？

(6) 本文ではスマートフォンを対象としたコンジョイント分析を紹介しましたが、複数の属性が製品全体の効用に与える影響を調べるためのシナリオづくりがこの分析の重要な部分になります（表4.1に示した8つの製品ですね）。上記では3つの属性を考え、各属性を2水準で変化させたので、$2 \times 2 \times 2 = 8$通りの組み合わせで済みましたが、4つの属性で各2水準の場合は16通り、3つの属性で各3水準の場合は27通りの組み合わせとなり、それらすべてを回答者に評価してもらうのは少し無理があります。そこで利用するのが実験計画法における直交表です。便利で有効な考え方ですので、自分でさらに調べて使えるようにしましょう。

第5章　私たちの頭の中をのぞいてみる
──空間認知、認知地図──

【第5章の目標】この章では、都市における私たちの空間行動のもととなる「頭の中の地図」についてみていきましょう。これまで空間的相互作用という観点から都市現象の理論モデルをみてきましたが、前章での価値に関する考察に引き続き、いよいよ本格的に私たち一人ひとりの頭の中／心の中をのぞいてみることにしましょう。私たちのさまざまな選択行動の背後には経験にもとづいた価値判断があったのと同様に、私たちが都市で行動するためには「どこ」について知ることが必要であり、そのような知識を頭の中の地図とよんでいます。言い換えれば、私たちは都市空間の認識にもとづいて行動を起こすのです。このような頭の中の知識や思い（すなわち場所のエクスペリエンス）は一見つかみどころがないような気がしますが、適切な方法を用いて「見る」ことができます。そのためにはどのようにするのか、またそのようにして見た頭の中の知識はどのような構造をしているのかを議論することにしましょう。

5.1 空間と人間のインタラクション：場所のエクスペリエンス

ここまで先行する3つの章では、都市を空間と私たちの結びつきという観点からとらえ、都市におけるさまざまな事象を理論的に考える取り組みをみてきました。そのような理論的考察のはじまりは、都市におけるモノや場所の空間的な立地に対する興味関心と、それらの分布がみせる規則性の解明への知的好奇心にありました。とくに都市の土地利用にみられる規則的な立地パターンは研究者の興味を引き、さまざまな理論モデルの構築が進められました。なかでも空間現象に与える距離の影響の重要性が認識され、考察の対象は土地利用から人間の空間行動に広がり、空間的相互作用モデルにもとづいた行動予測も大きく進展しました。そして理論モデルの改良も進み、前提として設けられる一様性や合理性の仮定を実際の行動に合うように見直す動きや、確率的な行動の記述、価値と効用の観点からの選好分析、非集計行動モデルの応用などにより、都市の理論的研究は発展を遂げています。

さて、空間と私たちの関わりをみていくうえで本書が重視するのは、私たち

のまわりを取り囲む空間とその中で生活行動する私たちのインタラクション、およびそこから生じるさまざまなエクスペリエンスです。すなわち、ユーザーエクスペリエンスという考え方を都市に展開し（私たちは都市のユーザーです）、場所のエクスペリエンスをみていくことが大きなテーマでした。では、いよいよ都市空間での私たちのエクスペリエンス、すなわち私たちの心の中の思い、考え、認識をくわしくみていくことにしましょう。

　第1章で私たちはまず都市とは何かということを考えましたが、一様で均質な空間が広がるだけの場所は都市とはよべないでしょうし、物や建築が物理的に存在しているだけでも都市とはよびがたいですね。やはり空間の中で生活する人がいてはじめて「都市」という言葉がふさわしく感じます。逆に、私たち人間を単独に考えることも都市という文脈ではあまり意味をなしません。当たり前のことですが、私たちが行動する場である空間が存在しなければ、都市および都市生活というものは成り立ちませんね（図5.1）。

　このような人間と環境の相互関係をギブソンはエコロジー（生態学）的な視点から議論しました（第7章でアフォーダンスの概念とともにくわしくみましょう）。私たちのまわりに広がる空間とその中で生活する私たちは根本的に結びついており、それぞれを単独で取り上げることは、両者のインタラクションという重要な視点が抜け落ちることにつながるという見方です（Gibson, 1979）。このようなエコロジカルな見方に立つのであれば、都市空間を私たち

図5.1　私たちと都市空間
私たちが都市という言葉を聞いて思い浮かべるのは、物や建築が単に物理的に存在しているだけの空間（左図）ではなく、そこで人々が生活し行動している生き生きとした空間（右図）ではないでしょうか。(Images from https://pixabay.com/)

の外部に一様な広がりをもって存在する物理的空間としてのみ考えるのではなく、空間とのインタラクションを通して私たちが認識する場所（心理的、文化的、あるいは社会的な空間といえるでしょう）として考えることの重要性は明らかですね。

　もちろん、私たちの生活の場である空間そのものについての考察も重要なことは言うまでもありません。地球誕生からの歴史（45億年あるいは46億年といわれています）のほうが人類が地球上に現れてからの時間（どこを起源とするかは議論がありますがおよそ500万年前といわれています）より遥かに長く、自然地理学とよばれる分野では地形、気候、土壌、植生など地球についての学問的探究が進められています。都市においても、人々の生活の場を物的に計画・整備することが欠かせません。あるいは、環境問題や思想哲学の議論の場において人間中心という考え方に疑問が投げかけられて久しいという状況もあります。これらの点は理解したうえで、私たちの実際の生活の場は、クリスタラーの中心地理論で仮定されていた一様な空間よりさまざまな意味でニュアンス豊かな都市空間／地理空間であることは、ここであらためて確認しておきましょう。

　このように単なる物理的な「空間（スペース）」が私たちにとって意味をもつ「場所（プレイス）」となる要因が、空間とのインタラクションとそこから得られるさまざまな経験なのです（Tuan, 1977）。すなわち、私たちの心の中あるいは頭の中の空間は、具体的な経験を通して認識された個々の場所であり、心理的な高低や伸び縮みをもっています（Gould and White, 1986）。たとえばみなさんのお気に入りの場所、愛着のある部屋、落ち着いた時間を過ごせるカフェはいわば心理的な等高線が高いところ（好ましい場所）であり、またその反対に苦い思い出のある場所

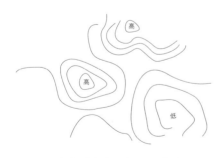

図5.2　私たちにとっての場所
単なる空間ではなく私たちの経験にもとづく価値をもった場所は、好ましい（あるいは好ましくない）という心理的な判断や感情と結びついています。すなわち、地理的な山や谷を示す地形図のように、心理的な評価の高低を示す等高線図を考えることができます。

や不安に感じる場所は心理的な等高線が低いところ（好みではない場所）ですね（図5.2）。このように場所の経験は私たちの感情と密接に結びついています。

　少し別の視点から心理的な空間を考えてみましょう。私たちは自分の部屋、仕事場のオフィス、住んでいるまちの公園など、さまざまな場所に関する知識をもっています。このような知識があるからこそ、日常の生活を滞りなく送ることができ、行きたいところに迷わず行くことができます。言い換えると、私たちは頭の中に地図をもっているといえます。ところでこの「頭の中の地図」は常に正確でしょうか？　先ほど「迷わず行くことができます」と述べましたが、方向音痴という言葉があるように、

図 5.3　頭の中の地図
方向音痴という言葉があるように、私たちの頭の中の地図は実際の地図とずれており、ゆがんでいることが多くあります。(Images from https://pixabay.com/)

実はまちの中で迷う経験をする人が多いことも事実です。もし物理的な空間がそのまま頭の中に（正確に）コピーされているのであれば迷うことはないはずですが、方向音痴な人や迷うことへの不安を感じる人が珍しくないという事実は、頭の中の地図と実際の空間にはずれがあることを示しています。このような頭の中の地図のゆがみは、空間認知学とよばれる分野での重要な研究課題になっていると同時に、わかりやすい場所情報提示や効果的なナビゲーション支援という応用的な課題に対しても重要な示唆を与えるテーマとなっています（図5.3）。

　以下では、空間と人間のインタラクションから得られる場所の知識に着目して、私たちの頭の中の都市をみていきましょう。場所のエクスペリエンスを考えるにあたって、いよいよ個人の認識という心理的な側面に焦点を合わせた議論をはじめます。これまでの集計データにもとづいたフォーム（形）的なアプローチに変わり、個人に焦点をあてたプロセス的なアプローチで都市の空間現象を考えるおもしろさを感じてもらえると思います。なお、都市の心理的分析

に関しては、本章でみるような「知識」に焦点をあてた空間認知学的な議論のほか、感情や思いに焦点をあてた環境心理学的な議論も重要になります。後者については第7章でくわしくみましょう。

5.2 都市のイメージと居住者の視点

　心理的な空間に関する議論をはじめるにあたって、まず私たちが住むまちに対してもっているイメージをみてみましょう。みなさんは、自分の住まい周辺の様子について尋ねられたら何を思い浮かべますか？　たとえば通勤・通学で毎日通る道やよく買い物をするお店、犬の散歩をしに行く公園、ゆっくり時間を過ごすカフェなど、いくつかの場所が、それぞれの場所への思いとともに頭に浮かぶのではないでしょうか。イメージというと何かとらえどころがない感じがするかもしれませんが、上記のようにみなさんの心に自然に思い浮かぶ光景があるということは、心の中のイメージというものが具体的で普遍的なものであることを示しています。

　このことに着目し、都市のイメージについて体系的に考察し、まちづくりや都市デザインの文脈で居住者の心理を考えることの重要性を唱えたのが、都市計画を専門とする研究者であるケビン・リンチでした。彼はさまざまな要素が複雑に絡み合う都市で「わかりやすさ」がもつ価値を重視し、居住者の心に生き生きとイメージが思い浮かぶようなわかりやすい（輪郭がはっきりした、明瞭な）都市の特徴を議論しました（Lynch, 1960）。

　リンチは、ボストン、ジャージーシティ、ロサンゼルスというアメリカの3都市を取り上げ、各都市の居住者が自分たちのまちに対してもっているイメージをインタビューにより調べました。インタビューでは、回答者に自分が住むまちを言葉で説明してもらい、思いつく建物や有名な場所をあげてもらうとともに、まちの様子を手描きの地図（スケッチマップ）に描いてもらいました。これらの質問への回答をまとめ、居住者が心の中にもっているまちのイメージを目に見える形（＝地図）で表現したのが、図5.4に示すようなイメージマップです。

　このイメージマップには、ボストンに住む人たちの心に共通して生き生きと思い浮かぶ場所が表れています。いわば、ボストンのパブリックイメージです

第5章　私たちの頭の中をのぞいてみる　59

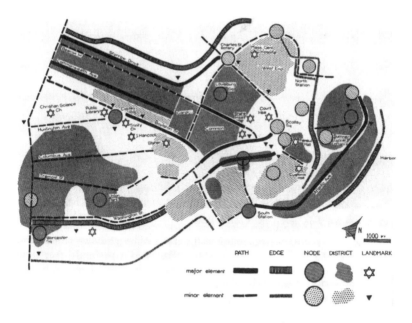

図5.4　ボストンのイメージマップ
居住者へのインタビューや手描きのスケッチマップをもとに作成したイメージマップ
は、ボストンの人たちが自分たちの住むまちに対してもっているパブリックイメージを
示しています。(Reprinted with permission of The MIT Press from Lynch, 1960, p. 19, Fig. 3, ©
1960 Massachusetts Institute of Technology)

ね。このように、尋ね方を工夫し、ふさわしい方法を用いることで、心の中の
イメージを「外に取り出す」ことができることに注目してください。頭の中あ
るいは心の中にあり直接は見ることができないイメージが、イメージマップと
いう形で可視化されています。とくに、ここでリンチが用いたスケッチマップ
の手法は広く知られることになり、その後多くの研究者によってさまざまな場
所のイメージ調査や頭の中の地図に関する空間認知研究に応用されています。
　リンチの都市のイメージ分析で特徴的なのは、物理的な都市空間をパス、エ
ッジ、ディストリクト、ノード、ランドマークという5つの構成要素に分類し、
これらの要素とまちのイメージの関係を考察している点です（図5.5）。リン
チが議論した5つの要素を順にみていくと、パスは都市における線状（ライン
状）の要素で、道路、歩道、鉄道線路など私たちがまちの中を移動する際の通

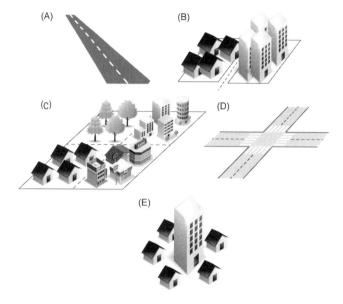

図 5.5 都市の 5 つの要素
ケビン・リンチは都市の構成要素を（A）パス、（B）エッジ、（C）ディストリクト、（D）ノード、（E）ランドマークの 5 つに分けて議論しました。（図は Lynch, 1960 をもとに作成）

り道となります。エッジも線状の要素ですが、パスとは違って通路としては利用されず、都市の境界線を示す役割を担っています。ディストリクトは平面的な広がりをもった要素で、それぞれの領域は共通のテーマ（建物の色や壁面、植栽など）をもったひとまとまりのエリアとして認識されます。ノードはパスどうしの結節点や交差点で、都市において人々が集まるスポット（要所）となっています。ランドマークは日常会話でもよく使われる言葉ですが、都市にあって私たちの目に留まる、あるいは注意を引く物や光景で、まちを歩く際の目印として用いられます。みなさんが住む地域でも、これら 5 つの要素に該当する具体例がすぐ思い浮かぶのではないでしょうか。

　ここで、リンチが都市のイメージ調査の目標として掲げたわかりやすい都市の考察に立ち戻ると、これらの都市の構成要素が居住者の心の中で明確な輪郭をもちながら互いに結びつき、全体として一つの明瞭なイメージにまとまって

いる状態が望ましいと考えられます。都市計画とは、そのような生き生きとしたイメージにつながるようなまちをデザインすることであり、居住者の心に美しさと喜びの感情を生み出す（場所についてのいい経験を作り出す）ことだといえるでしょう。リンチが重視しているのは、そのための方法を都市と居住者の相互関係という視点から理解することでした。居住者の視点からのまちづくりともいえます。最近では、現実空間と仮想空間が高度に融合した超スマート社会（Society 5.0）の構築や情報技術を活用した 3D 都市モデルの整備が進められていますが、このような先端の取り組みが人間中心まちづくりを目標のひとつとして掲げていることは注目に値します。内閣府のウェブサイトでは、「Society 5.0 の実現に向けてはサイバー空間とフィジカル空間の融合という手段と、人間中心の社会という価値観が鍵となります」と述べられています。ユーザーエクスペリエンスデザインの議論でみたように、人間中心に考え、いい経験を作り出す、すなわちユーザーがよいと思うデザインを実現するためには、（当たり前ですが）ユーザーである人間のことを知ることが不可欠です。都市計画という文脈での個人の認識、思い、考え方の重要性についてあらためて考えるべきでしょう（この点については第 8 章でさらにくわしくみましょう）。

　ところで、リンチは上記のような都市のわかりやすさを論じる際に、都市のスケールでこれら個別の構成要素を相互に関係づけながら正確なイメージにまとめあげることは実際には簡単ではないということを指摘しています。彼の都市のイメージ研究では、ボストン、ジャージーシティ、ロサンゼルスのパブリックイメージをみたわけですが、個人による違いもあること（パブリックイメージに対する個人のイメージ）を指摘し、また不正確な（ゆがんだ）イメージが段階を経て正確なイメージに発達していく可能性も論じています。つぎの節では、この頭の中の地図の正確さについてみていきましょう。

5.3 頭の中の地図の構造とゆがみ

　毎年 10 月になるとノーベル賞に関するニュースが各国の新聞やテレビを賑わせます。日本でも 2014 年以降ほぼ毎年のように受賞者が続き、大きく報道されていますが、その 2014 年にノーベル生理学・医学賞を授与されたのは、

ジョン・オキーフ、マイブリット・モーセル、エドバルド・モーセルの3氏でした。受賞理由について、ノーベル賞の公式プレスリリースは、頭の中の位置特定システムに関する研究を通して私たちの空間認識のメカニズム解明に大きく貢献したためと説明しています（ノーベル財団ウェブサイトより）。オキーフ氏らの研究は、私たちの頭の中にいわば「脳内GPS」とでもよべるような位置特定の機能が備わっていることを明らかにしたのです。みなさんが日常的に使っているカーナビやスマホのナビアプリが現在地や目的地までのルートを教えてくれるのは、人工衛星から送られてくる信号を受信・処理するシステム（衛星測位システム）のお陰ですが、私たちの脳も同じように位置情報を処理するメカニズムをもっているというのです。これまでの研究で、人間を含む動物の脳においては、空間内の特定の場所にいる際に活発に活動する場所細胞をはじめ、場所、方向、移動距離などの認識に関わる神経細胞があることがわかっています（Dumont and Taube, 2015; Grieves and Jeffery, 2017）。

　このように、位置を特定するための技術体系が整備され社会的な応用が進んでいるのと併行して、私たち人間が位置を知り場所を認識する心理的なプロセスについても学問的・社会的に大きな関心を集めています。私たちの空間認識（すなわち頭の中の地図）に関する学問的な興味は古くからみられます。ダーウィンは1873年の論文で、北シベリアの先住民が目印のない広大な海氷の中を正確に移動する驚くべき能力について述べ、人間や動物は自分の位置を知るための仕組みを脳の中にもっているのではないかと示唆しています（Darwin, 1873）。また心理学者ビネーは、私たちはまちを歩いているときに急に進行方向がわからなくなるなど、位置や方向に関する錯覚を経験することがよくあることを多くの実例とともに紹介しています（Binet, 1894）。同様に、優れた方向感覚の例として、非常に正確に位置の把握をすることができる少年のエピソード（DeSilva, 1931; Warren, 1908）や、ポリネシアやミクロネシアの人々が実践している航海術（Gladwin, 1970）、オーストラリアの先住民であるアボリジニやカナダ北部の先住民イヌイットにみられる高いナビゲーション能力（Aporta and Higgs, 2005; Lewis, 1976）も報告されています。

　さて、上で述べた脳内GPSの話を思い出すと、みなさんのなかには、私たちの頭の中に位置特定の機能が備わっているのであれば、まちの中で迷ったり

することはないのではないかと思う人もいるのではないでしょうか。しかし、残念ながら、実際には私たちは道に迷いますし、迷うことによる不安を感じることも多くあります。それは「方向音痴」という言葉が日常よく使われることからもわかりますね（JAF Mate 特集, 2022）。すなわち、私たちの頭の中の地図は不正確であることが珍しくありません。頭の中の地図がもつゆがみを説明する際によく用いられるのが、「ニューヨークとローマのどちらがより北にあると思いますか」という質問です。みなさんはどう思いますか？　冬のニューヨークの寒さとローマの温暖な気候を考えると、ニューヨークのほうが北にあると思う人が多いのではないでしょうか？　実際はローマのほうがより北にあります（ローマの緯度は北緯41°54′、ニューヨークは北緯40°42′です；図5.6）。

　頭の中の地図のゆがみを示す回答が得られるもう1つの有名な例が、「カリフォルニア州の都市サンディエゴとネバダ州の都市リノではどちらがより西にあると思いますか」という質問です。実際はサンディエゴのほうが東にあるのですが、多くの人はサンディエゴのほうが西にあると答えます。同じく、「オレゴン州の都市ポートランドとカナダの都市トロントではどちらがより北にあると思いますか」という質問には、多くの人がトロントと答えるのですが、実際はポートランドのほうが北にあります。なぜこれらの質問への回答は実際と

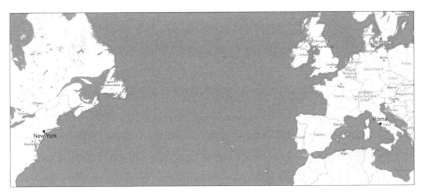

図 5.6　ニューヨークとローマの位置関係
みなさんはどちらの都市がより北にあると思いましたか？
(© OpenStreetMap contributors, https://www.openstreetmap.org/)

逆になるのでしょうか？　実は、このような空間的な位置関係についての回答のずれを調べることで、頭の中の地図の構造を明らかにすることができるのです。

　サンディエゴとリノの例で考えましょう。みなさんご存じのように、カリフォルニア州はアメリカの西海岸にあり、ネバダ州はその右隣（北が上の地図で見た場合の右側、すなわち東）にあります。多くの人はこの州レベルでの位置関係にもとづいて判断するため、（カリフォルニア州の都市である）サンディエゴのほうが（ネバダ州の都市である）リノより西にあるはずだと思うのです。実際は図 5.7A の地図が示すようにリノのほうが西にあります。ポートラ

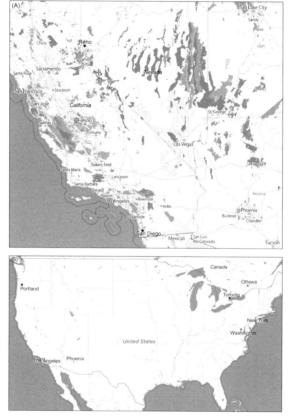

図 5.7　(A) サンディエゴとリノの位置関係、(B) ポートランドとトロントの位置関係
それぞれ、より西および北にあるのはどちらの都市だと思いましたか？ (© OpenStreetMap contributors, https://www.openstreetmap.org/)

ンドとトロントについても同様です。カナダはアメリカの北側（地図でいうと上）にあるので、（カナダの都市である）トロントのほうが（アメリカの都市である）ポートランドより北にあるはずだと思うのです（図5.7B）。このような位置関係についての認識のずれを説明するモデルとして、私たちの頭の中の空間知識は階層的に表現されているという説が提唱されています（Stevens and Coupe, 1978）。図5.8のように、頭の中の空間知識は国、州、都市の3つのレベルからなる階層構造をなしており、都市どうしの位置関係は1つ上の州のレベルで判断されるため、上記のようなずれが生じると考えるのです。

上でみた階層構造は、空間知識が私たちの頭の中で表現されている形式のひとつとして提唱されたものです。ここで大事なのは、私たちの空間的な推論（空間的な位置関係についての回答）は正解からのずれをみせますが、そのずれはランダムな誤りの結果ではなく（一人ひとりが当てずっぽうに推定しているのではなく）、全体として一定の（システマティックな）傾向を示すということです。そして、そのずれの傾向を分析することで（直接は見ることができない）頭の中の地図の構造を把握することができるのです。

頭の中の地図（認知地図とよばれます）の正確さは、空間の学習と知識の獲得および認知地図の構造という観点から理論的に研究が進められているテーマなのですが、応用的な面でも、私たちの空間行動の説明と予測において非常に重要な役割を果たします。第3章でみた距離減衰の概念と地理学の第1法則を

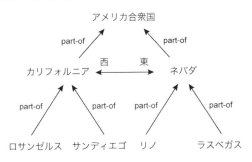

図 5.8 空間知識の階層構造
アメリカの地理に関する私たちの知識は、頭の中で国、州、都市の3つのレベルで階層的に表現されているため、サンディエゴとリノの位置関係は、1つ上の州のレベル（カリフォルニア州とネバダ州）で判断されます。そのため多くの人がサンディエゴのほうが西にあると回答するのです。（図は Stevens and Coupe, 1978 をもとに作成）

思い出してください。都市における空間現象や私たちの空間行動は距離と密接な関係があり、代表的な例で述べると、「私たちは家から一番近いポストに手紙を出しに行く」ということでした。ここで、もちろん家からポストまでの距離が重要なのですが、正確には、物理的な距離よりも私たちが感じる心理的な距離が重要ではないでしょうか。すなわち、「家から一番近いと思うポストに手紙を出しに行く」と言うほうがより現実に即した表現といえます。このことは、たとえば空間的相互作用モデルで重要な変数である距離を考える際に、（物理的距離の代わりに）心理的距離を用いることで私たちの空間行動をよりうまく予測するという試みにつながります。言い換えると、規範的な理論モデルが前提とする最適化、完全な知識、完全合理性という仮定に対して、満足化、不完全な知識、限定合理性という考え方が対置されることになり（実際、頭の中の地図はゆがんでいましたね）、空間的な行動には私たちが認識する空間が大きく関係していることが理解されるようになったのです。

5.4 空間知識の学習と個人差

では、正しい地図から一定のずれをみせる頭の中の地図について、その特徴をくわしくみてみましょう。そもそも私たちの頭の中の地図とはどのようなものでしょうか？　「頭の中に地図が入っている」とは何を意味するのでしょうか？　いま、みなさんが新しい場所に住みはじめたと想定しましょう。はじめての場所なので、前もっての知識はなく、いわば頭の中の地図は真っ白な状態です。日にちがたち、生活の経験を積むにしたがって、自宅周辺やよく行く場所、たとえば学校、コンビニ、スーパーマーケットなどの位置や行き帰りのルートがわかってきますね。みなさんの生活に重要な場所の知識は段々と豊かになっていくでしょうし、経験とともに、さらにその周辺の場所やルートについての知識も増え、また正確になっていくでしょう（図5.9）。このようにみなさんが自分にとって重要な場所を中心に知識を獲得していく様子を述べたモデルはアンカーポイント仮説とよばれます（Golledge, 1978）。頭の中の地図の学習プロセスが模式的に示されており、みなさんの経験と照らし合わせても納得できる部分が多いのではないでしょうか。

　アンカーポイント仮説では、空間知識が豊かになり、かつ正確になっていく

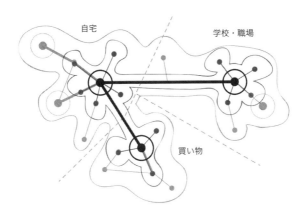

図 5.9　空間知識の発達に関するアンカーポイント仮説
この理論モデルでは、私たちの空間知識は、まず自宅周辺やよく行く場所を中心に広がっていき、経験が増えるとともにその周辺の場所やルートについての知識も獲得され、全体に正確になっていくと説明されます。みなさんの経験と照らし合わせて、どう思いますか？(Adapted with permission of Edward Elgar Publishing Limited through PLSclear from Ishikawa, 2018, p. 121, Figure 7.4)

様子がうまく述べられていますが、このモデルに関してつぎの 3 点を考えてみましょう。まず、前の段落で述べた「（最初は）頭の中の地図は真っ白な状態です」という点についてです。はじめての場所ですから、もちろん最初はその場所について知らない状態からはじまりますね。では直接の経験がない場所での頭の中の地図はどの程度「真っ白」なのでしょうか？　この言葉を極端に解釈すると、はじめての場所では空間的な知識は何もなく、位置、距離、方向などについてまったくわからないということになります。しかし、たとえばみなさんがはじめて訪れた海外の都市であっても、ホテル周辺を少し歩けば、まわりにどのようなお店があるかを知り、そこからホテルに戻ってくることができますね（もちろんこの「少し」というのがどの程度の時間なのかは議論を要します）。距離や方向についての知識がゼロであれば、迷ってしまい帰ってこれないということになりますが、そこまでの白紙ではないようです。違う見方をすると、私たちは前もって何らかの知識の枠組みをもっていないと、新たに得た情報を理解することはできないのではないでしょうか？　このことは専門的にはスキーマ（図式）という用語で説明され、記憶の構造や知識の生得説と経験説の議論にもつながる発展的な内容になります。私たちの空間認識や方向感

覚はどの程度生まれつきのもの（あるいはそれに対して後天的に経験を通して学ぶもの）なのでしょうか。また、子どもによる空間学習（左と右、長さと角度、他の視点からの光景などの理解）と、大人が新しい場所で空間知識を獲得する過程はどの程度似ているのでしょうか？　関連する多くの興味深いテーマに研究が広がります。

　2つ目は、空間知識を獲得する方法についてです。デジタルなナビゲーション情報が豊富な現在では、はじめての場所に行く前にスマートフォンやタブレットで地図やストリートビューを確認するという人も多いのではないでしょうか。まちの中を実際に歩いて経験した場合と地図やストリートビューを見た場合では、得られる空間知識の特徴（獲得する頭の中の地図の構造）は異なるでしょうか？　一般に、地図を見て知識を得た場合は、場所間の直線距離の推定が正確であるのに対して、実際に歩いて知識を得た場合は、ある地点から見て他の地点がどの方向にあるかという空間的位置関係の推定が正確な傾向があります（Thorndyke and Hayes-Roth, 1982）。すなわち、地図は個々の場所の全体的な位置関係を2次元的に理解することを助け、まちの中を実際に歩く経験は各地点での光景を空間的にアップデートすることを助けることがわかります。このことは、空間学習の情報源によって得られる知識の性格が異なることを示し、五感からの情報の影響（見る、聞く、体を動かす）、異なる種類の空間能力の存在（頭の中で視覚的イメージを回転させる能力、異なる視点からの光景を理解する能力）、地図の提示法とナビゲーションの関係（北が上かそれとも進行方向が上か）など重要な研究課題につながります。以下、第6章で地図の利用をみる際にさらにくわしく考えましょう。

　3つ目は、迷うという経験についてです。アンカーポイント仮説では、新しい場所での生活や経験が長くなるにしたがって、みなさんの頭の中の地図はしだいに正確になっていくとされています。これは一見もっともらしいですね。けれどもみなさんのなかには、自分はよく道に迷う、あるいは自分は方向音痴だと思っている人も多いのではないでしょうか。もし上記の仮説のようにだれでも時間とともに正確な空間知識を獲得するのであれば、経験を積めば迷うことはなくなり、方向音痴という悩みも解消されるはずです。でも実際には、いろいろな場所に行ってもすぐ迷ってしまう人、迷うことを不安に思うため新し

い場所に出かけることが億劫だと感じる人、方向音痴を克服したいと考えている人は多くいます。なぜ新しい場所でも迷わない人がいる一方で、方向音痴で困っている人もいるのでしょうか？　このことは、空間知識と方向感覚に関する「個人差」の問題として、多くの研究者が関心をもって解明に取り組む最近の重要な研究課題となっています（Ishikawa, 2023; Newcombe et al., 2023）。

図 5.10 を見てみましょう。これは、はじめて訪れた場所で 2 つのルートとそれらを結ぶルートをたどった人たちに描いてもらったスケッチマップです。

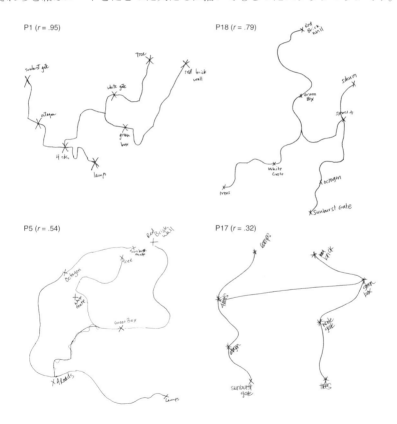

図 5.10　空間知識の正確さに関する個人差
はじめての場所で 2 つのルートとそれらを結ぶルートをたどった人たちが描いたスケッチマップです。地図の正確さには大きな個人差があることを図 5.11 の地図とくらべて実感してください。(Reprinted with permission of Elsevier from Ishikawa and Montello, 2006, p. 125, Fig. 13)

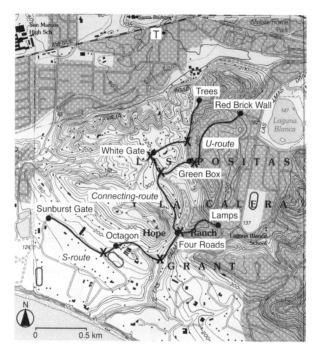

図 5.11　空間知識の発達を調べた研究の対象地を示す地図
図 5.10 のスケッチマップと比較してください。(Reprinted with permission of Elsevier from Ishikawa and Montello, 2006, p. 101, Fig. 2)

図 5.11 に示した実際の地図とくらべると、回答者が描いた地図の正確さは大きくばらついており、寸分のずれもなくほぼ正確に描かれたスケッチマップ（左上）がある一方で、2 つのルートがあってそれらが間でつながっているということを示すだけのスケッチマップ（右下）もみられます。つまり、頭の中の地図の正確さには大きな個人差があり、新たな場所でも短時間で正確な地図が頭の中に入る人がいれば、学習を繰り返し経験を積んでも頭の中の地図はゆがんだままという人もいることがわかります (Ishikawa and Montello, 2006; Weisberg and Newcombe, 2016)。従来のモデルのような、どの人も時間とともに正確な知識を獲得するという考え方では、上記のような個人差の存在を説明することはできません。空間認知に関する初期の研究では、私たちの頭の中の地図は実際の地図に似ているかという疑問の解明を目指してきましたが、現在

では、頭の中の地図の正確さを個人の属性としてとらえる考え方が主流となり、方向感覚に大きな個人差が生じる原因の探究と、個人差に関する知見の教育・技術分野への応用が大きなテーマとなっています（Ishikawa, 2023）。

　ここで指摘しておきたいのは、このことは単に人によって空間知識の正確さが違うということを示しているだけではないという点です。心に留めておくべき大事なことは、この個人差が学問的にも応用的にも注目に値するほど十分に大きく、重要な意味をもっているということです。個人差という言葉は、得てして調べたい対象に誤差をもたらす厄介な存在という意味で使われがちです。実際、集計的なデータ分析のアプローチでは、個人差はモデルの誤差項に含められ、結果にランダムな影響をもたらすものとして制御すべき対象として扱われます。これは集計的な平均像を分析する考え方（いわゆるフォーム的なアプローチ）のもとでは当然のことで、おかしくはありません。しかし、近年では教育、情報技術、デザイン、まちづくりなどの場面で個人に焦点をあてた考え方が求められており、そのためには個人差そのものが詳細な分析の対象となります。上でみたように人によって頭の中の地図の正確さが大きく異なるのであれば、道案内の際に個人の属性に合わせた情報提示をすることが欠かせません。たとえば、「地図があるからだいじょうぶ」という考え方では十分ではないことが容易に想像できますね。ユーザー中心のデザインを考えるとき、あらゆる場合に有効な唯一の正解はないという言い方もできます。だからこそ、利用者にやさしい場所情報ツール、ユーザーが使いやすいナビゲーションシステムを考えるためには、利用者の空間認識（たとえばユーザーの方向感覚はいいか悪いか）を考慮することが重要となります。ユーザー属性の考慮が真の状況認識のための重要な一歩であることがわかりますね。情報デザインや超スマート社会構築の観点からユーザーエクスペリエンスや人間中心まちづくりの必要性が叫ばれている現在では、ユーザーである人間のことを知ることが大前提といえます。そのための有効な視点を与えてくれるのが、個人差の視点からの研究とその成果なのです。

［さらに深く考えるためのディスカッション課題］

(1) 本章から場所のエクスペリエンスの議論に入り、都市空間を対象に個人の頭の中、心の中をのぞいてみました。みなさんの場所についての経験や思いを具体的に聞かせてください。またその経験や思いを場所とのインタラクションという観点から議論してください。

(2) 認知行動地理学的な視点からの空間行動の研究において私たちのイメージがもつ役割の重要さを議論しました。みなさんの心の中に表現されている心理的空間について、どのような経験を通してそれを得たか（一般的な空間がみなさんにとって固有の場所になったか）を教えてください。また物理的空間だけではなく心理的空間を考えることの重要性について、みなさんの考えを聞かせてください。

(3) 大学の友だち 5 人にキャンパス周辺のスケッチマップを描いてもらい、互いに比較してみましょう。描かれたスケッチマップから回答者の頭の中の地図についてどのようなことがわかりますか？ 反対に、スケッチマップからだけではわからないことは何でしょう？ あなたなら回答者のスケッチマップをどのように分析しますか？

(4) 新しい場所での空間知識の学習プロセスを記述するモデルとしてアンカーポイント仮説を紹介しました。図 5.9 が示すような空間知識獲得の様子は、みなさんがはじめての場所を訪れたときの経験と照らし合わせて、どの程度納得できますか？ みなさんの頭の中の地図は最初はどの程度「白紙」だったでしょうか？ また、その場所で生活をはじめてどれくらいの時間がたてば、頭の中の地図はどの程度まで正確になるでしょうか？

(5) 先ほどの (3) ではスケッチマップの手法を用いて頭の中の空間知識を外に見える形で取り出しました。頭の中の地図を調べるためには他にどのような方法があるでしょうか？ 異なる方法で得られた回答結果はどのように比較することができるでしょうか？ また、この「外に取り出す」というプロセスを、人間の記憶の種類（短期記憶、ワーキングメモリー、長期記憶）にもとづいて議論してみましょう。

(6) 発展的な内容として、私たちの距離の知識（認知距離とよばれます）をスティーブンスの法則や多次元尺度構成法によって分析することで、頭の中の地図のメトリックを考察することができます。あわせて、方向の推定値やスケッチマップの正確さを分析することで（また最近では神経細胞の活動を観察することで）、私たちの頭の中をくわしくのぞくことができます。興味のある読者は、関連する文献を読み進め、頭の中の地図を求める旅に出発してください。

第6章 場所情報の表現とコミュニケーション
——地図、言葉、ナビゲーション——

【第6章の目標】前章では私たちの頭の中の地図をみました。私たちと空間の
インタラクションから生まれる場所の経験と知識がなぜ、どのように重要かを
理解していただいたと思います。この章では、そのような頭の中の地図が私た
ちの日常生活で重要性をもつ具体的な場面としてナビゲーションを考えます。
そもそもナビゲーションとはどのようなことを意味するのでしょうか？　ま
た、私たちが空間的な位置を知るために大きな役割を果たす地図について、場
所情報の表現とコミュニケーションという視点から議論し、同じく重要な言葉
による空間表現とも比較しながら考えてみましょう。自分や目的地の位置を知
るとはどういうことでしょうか？　そのためにはどのような情報が必要でしょ
うか？　前章でみたように頭の中の地図の正確さには大きな個人差があること
を前提とした場合、利用者にやさしい場所情報の提示やナビゲーションツール
のデザインのためには何が必要でしょうか？　私たちの場所のエクスペリエン
スを「どこ？」という観点から深く掘り下げてみましょう。

6.1 ナビゲーションとは：「どこ？」を知る

　前章の議論で、私たちと空間とのインタラクションから生じる場所のエクス
ペリエンスを個人が認識する空間という視点から考えることの大切さとおもし
ろさを感じてもらえたのではないかと思います。とくに、私たちの頭の中の地
図には特有のゆがみがあり、その正確さには大きな個人差があることがわかり
ました。都市におけるユーザーエクスペリエンスを高め、いい経験を作り出す
という目標を掲げるとき、居住者が認識する空間に有意な個人差があるという
ことは、情報提示やまちのデザインの面で大きな意味をもちます。第5章の後
半で、先端の情報技術を都市に展開し、現実空間と仮想空間が高度に融合した
社会の構築を目指す最近の取り組みを紹介しましたが、そこでもユーザー中心
という考え方が重要視されていました。都市のユーザーである居住者の属性と
状況に応じた情報提示を考えることが、情報デザインという観点からの人間中
心まちづくりです。このような意識のもと、本章では、みなさんの日常生活に
おける空間的な思考・行動の代表例であるナビゲーションについて、場所情報

の表現とコミュニケーションという観点からくわしくみることにしましょう。

　みなさんも毎日の生活でカーナビやスマホのナビアプリを利用することがあると思います。みなさんがいまどこにいるのか、目的地までどのようなルートで行けばいいのか、周辺のコンビニや空いている駐車場はどこにあるかなどを教えてくれる便利なツールですね。このような場所情報ツールの普及とともに、私たちの日常生活でナビゲーションという言葉に触れることが多くなっていますが、もともとこの言葉は、海上で目的地までの航路を決定するという文脈で航海術との関連で用いられてきました。なかでも優れた航海術の例として、ポリネシアやミクロネシアの航海士たちによって使われてきた伝統的な技術が知られています（Gladwin, 1970）。これらの人々は、一見何の手がかりもない大海原の上を、帆に風を受けて進むカヌーで自由に航行することで有名です。広大な海に一艘のカヌーで漕ぎ出すことを想像してみてください。何も目印のない砂漠の中を一人で歩くようなものです。カーナビやナビアプリに頼ることが多い現代の私たちにとっては、想像することもむずかしいような状況ですが、このような中、これらの航海士たちはどのようにして数百キロも離れた目的地まで迷うことなくたどり着くことができるのでしょうか？（図 6.1）

　先ほど「何の手がかりもない」と述べましたが、詳細な海図や GPS ツールの利用に慣れている私たちにとっては手がかりがないようにみえるだけで、遠

図 6.1　ポリネシアの航海とカヌー
ポリネシアやミクロネシアの航海士たちは伝統的に継承された航海術を用いて広大な海の上をカヌーで移動し、遠くの島の形や大きさ、天空の星の位置などを手がかりに、数百キロ離れた目的地までみごとにナビゲーションしていきます。(Teinesavaii, CC BY-SA 3.0, via Wikimedia Commons)

くの島の形や大きさ、魚の種類、波、太陽や星の位置など、彼らにとっては多くの位置を知るための手がかりが環境の中にあります。とくに周囲に島が見えなくなった沖合で彼らが用いる航海術はエタックとよばれ、夜空に浮かぶ星の位置で定められた方位にもとづいて目的地と航路を見定め、基準となる島（目には見えない）との相対的な位置関係を時間とともに更新しながら、みごとに大海原をナビゲーションしていきます（秋道, 1986; 須藤, 1985）。人間が考え出した素晴らしい位置特定技術ですね。

さらに先ほど「何も目印のない砂漠の中を一人で歩くようなもの」とも述べましたが、実は動物や鳥、昆虫は環境中に目立った目印がなくても、進む速さや向きを時間の経過とともに（心理的・身体的に）積算しながら自分のいる位置を推定する仕組みを備えています（Gallistel, 1990; Mittelstaedt and Mittelstaedt, 1980）。砂漠の中のアリが巣から出かけ、えさを見つけた後に迷うことなくまた自分の巣に戻ってくることができるのは、出発地点を基準に自分の位置を体の中で刻々と空間的にアップデートしているからなのです（専門的には推測航法や経路統合という用語が使われます）。しかもこの帰路は、えさを見つけた地点から巣までほぼ一直線で向かうところが驚くべき点で、空間の中を移動する動物が生まれながらに備えている位置特定機能として特筆に値します（図6.2）。

このように、正確なナビゲーションのためには、環境の中で自分がいまどこにいて、どの方向を向いていて、目的地はどちらの方向にあるかを知ることが

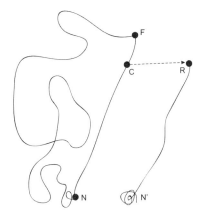

図6.2 砂漠のアリによるナビゲーション
巣（N）を出発して移動するアリがえさ（F）を見つけると、そこから自分の巣を目指してほぼ一直線に戻ります。これは移動しながら自分の位置を刻々とアップデートしているからこそできる凄技です。（アリには気の毒ですが研究を目的として）巣に戻るアリを途中（C）で捕まえて離れた位置（R）で放すと、残りの移動距離と方向に相当するベクトル分を進んだところ（N'）で自分の巣を探しはじめます。このことからもアリの空間定位能力の高さがわかります。(Reprinted with permission of Informa UK Limited through PLSclear from Ishikawa, 2020, p. 38, Figure 2.10)

欠かせません。よって、ナビゲーションとは、たとえばカメラや光学センサーを備えたロボットが障害物を避けて進むような移動のための能力（ロコモーションという語が使われます）だけでなく、目的地までの距離、現在地から目的地への方角、周辺の他の目印となる建物の場所など空間の全体的な位置関係を把握し、進むべきルートを決定する能力（目的地の探索という意味でウェイファインディングという語が使われます）が必要になります。さて、このことは一見簡単そうに思えますし、ナビゲーションという言葉も私たちは日ごろ何気なく使っていますが、まちの中で自分の位置を正確に把握することは、いつでもだれでも簡単にできるわけではありません。前章でもみたとおり、正確な空間知識を獲得することは困難なことが多く、頭の中の地図をもとに柔軟な空間的推論や意思決定をすることは、多くの人が考える以上にむずかしく、複雑な認知プロセスになります。

　ポリネシアの航海士は大海原の中をカヌーで移動しますが、私たちが日常生活を送る都市空間も、よく考えてみれば私たちを外から大きく取り囲んでおり、私たちはその中を航海しているといえます。この点で、都市空間は私たちが手に取り眺めることができる物体（たとえばペットボトルなど）とは大きく異なります。私たちは、物体は外から観察しますが、都市空間はその中を移動・探索します（図 6.3）。さらに、みなさんの部屋や学校の教室とも比較してみましょう。部屋や教室の様子については、みなさんが座っている場所から全体

図 6.3　物の知覚と環境の知覚
私たちは物の知覚においては対象を手に取り外から眺める観察者の立場ですが（左図）、環境の知覚においては空間の内部を移動する探索者の立場になります（右図）。これは空間スケールが人間の知覚と認知に与える影響として重要で、都市空間における私たちの認識に特有の性格をもたらします。(Images from https://pixabay.com/)

を見渡すことができますね。それに対して、都市空間は私たちを包み込む形で広がっており、一地点からその全体を見渡し、個々の場所の位置関係を全体的に眺めることはできません（図 6.4）。この空間スケールの大きさが、頭の中の地図のゆがみと私たちがまちで迷うことの大きな原因であり、方向音痴という言葉が示す現象と密接に関係しています。

さて、このようなナビゲーションと位置把握の困難を克服するための便利なツールが地図です。地図は、大規模で広範囲の都市空間を、1 枚の紙の上やタブレット画面上で上空から眺め全体の位置関係を把握することを可能にしてくれます（図 6.5）。では、地図というツールを有し、最近ではさまざまな機能を備えた先進のナビシステムももつ私たちにとって、もはやナビゲーションは

図 6.4 空間スケールによる空間認識の違い
私たちは、建物内の部屋においては一点からその全体を見渡すことができますが（左図）、都市空間ではそれはできません（右図）。このことは大規模空間での位置関係の把握をむずかしくし、頭の中の地図の不正確さやゆがみの原因となります。(Images from https://pixabay.com/)

図 6.5 位置把握のツールとしての地図
地図は大規模で広範囲の都市空間を上空から眺めるように 1 枚の紙の上で表現し、地上の視点からは見渡せない全体の位置関係を把握することを可能にしてくれます。
(Image from https://pixabay.com/)

むずかしいことではないのでしょうか？　残念ながらそうとは限らないというのが答えです。そのことを以下の節でくわしくみていきましょう。

6.2 地図の利用と理解

　私たち人間は古代から地図の形で場所の情報を表現してきました。たとえば紀元前 600 年ごろのものとされるバビロニアの世界地図は、バビロンと周辺の都市の位置関係や、ユーフラテス川やペルシャ湾などの自然地形、海を越えた対岸の地域についての想像など、当時の人々が理解した世界の姿を粘土板に刻み込んだものとして有名です。さらに古いものでは、紀元前 2300 年ごろのものではないかといわれる古代メソポタミアの都市ヌジの地図があります（図 6.6）。この地図も絵や記号を用いて地域の集落、小川、山並みといった周辺の様子を示しており、さらに方位に関する情報として東、西、北に相当する 3 つの方角も記されています（Meek, 1935; Millard, 1987; Muhly, 1978）。

　このように、場所に関する知識や情報を表現し他の人に伝える手段として古くから用いられた地図ですが、15 世紀半ばからの大航海時代を経て大きな発展を遂げ、最近では紙だけでなくタブレットやスマートフォンの画面上で表示されるデジタルな地図の利用が一般的になっています（図 6.7）。ナビゲーションの文脈で考えた場合、デジタル地図あるいはインターネット地図は、利用者の現在地と目的地へのルートを示してくれるインタラクティブな場所情報ツ

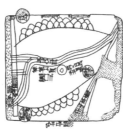

図 6.6　古代メソポタミアの都市ヌジの地図
紀元前 2300 年ごろのものといわれる古い地図ですが、周辺地域の様子や方角を視覚的に表現しています。
(Reprinted from Meek, 1935, Plates I and XCIII; materials in the public domain)

図 6.7　デジタルな地図
現代では地図は紙の上だけではなくタブレットやスマートフォンの画面上でデジタルに表現され、ユーザーがインタラクティブに働きかけることも可能になっています。(Image from https://pixabay.com/)

ールとして普及が進んでいます。そして、時代や形式を問わず私たちにとってなじみ深い地図ですが、その利用に関しては苦手とする人が多いことも事実です。まちの中で地図を用いて自分の位置を知ることは、高度な空間的な思考を要し、空間能力と関係するスキルである（すなわち空間能力が低い人にとってはむずかしい）ことがわかっています（Ishikawa and Kastens, 2005）。

いま地図利用について、図 6.8 に示すような 3 者の相互関係の理解という観点から考えてみましょう。実空間において地図を見ながら自分がどこにいるかを知るためには、自分のいる場所を地図上で見つけ、自分が向いている方向と地図の向きを合わせる必要があります。すなわち、地図、自分自身、周辺に広がる空間の 3 者を相互に関係づけなければなりません。また、自分が向いている方向を理解し、地図の向きと合わせるためには、物理的な空間と地図だけではなく、自分が認識する空間（周辺空間の知識、頭の中の地図）とも対応させる必要があります（Liben and Downs, 1993）。先ほど地図の利用は空間能力と関係があると述べましたが、この地図－自分－空間を対応させる心理的プロセスが高度な空間的思考を必要とする部分であり、視覚的なイメージを頭の中で回転させる能力（心的回転）や異なる視点からの光景を想像する能力（他者視点取得）が重要な役割を果たします（図 6.9）。これらは一般に空間能力とよばれ、言語能力や計算能力とともに人間がもつ代表的な能力のひとつですが、個人によって得手不得手があり、空間能力が高い人もいれば低い人もいます。では、地図の利用に関しては、得意な人と不得意な人の違いはどのように表れ

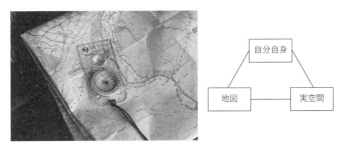

図 6.8　都市空間での地図の利用
実空間で地図を利用して自分の位置を把握するためには、地図、自分自身、周辺に広がる空間の 3 者の空間的な位置関係を理解する必要があり、この点に多くの人が困難を感じています。(Image from https://pixabay.com/)

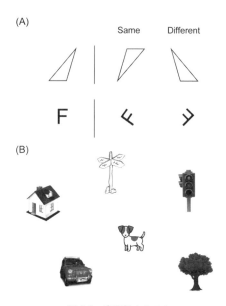

図 6.9 空間能力テスト

（A）視覚的なイメージを頭の中で回転させる能力を測る心的回転テスト。回答者は縦線の左側の図形や文字が右側のものと同じ（回転して重なる）か違う（反転している）かを判断します。(Reprinted with permission of Taylor & Francis Ltd from Ishikawa, 2016, p. 81, Figure 1)；（B）異なる視点からの光景を想像する能力を測る他者視点取得テスト。回答者はたとえば「あなたはいま信号機がある場所に立っていて木を正面に見ているとします」と言われ、その後、「このとき車はどちらの方向にありますか」という質問に答えます。（図は Kozhevnikov and Hegarty, 2001 をもとに作成）

るのでしょうか？

　図6.10 を見てみましょう。これはある大学のキャンパスマップですが、この大学に通う学生に構内に置かれた旗を探してもらい、見つけたらその場所を地図上にステッカーを貼って示してもらいました。さて、どうでしょうか。地図上のいろいろな場所にステッカーが貼られていますね。正しい場所に貼られたものがある一方で、正解から遠く離れた場所に貼られたステッカーも多くみられます。このことから、通い慣れたキャンパスで地図と自分の位置を対応させるという簡単そうに思える作業でも、回答は大きくばらつき、むずかしいと感じる人がいることがわかります。前節の最後で尋ねた質問「地図があればナビゲーションはむずかしいことではないのか」に対する回答が「残念ながらそうとは限らない」ということを示す一例ですね。

　私たちの空間行動をエクスペリエンス的な視点から考える際に重要なのは、一方に私たちがいて、他方に空間があり、両者のインタラクションから私たちの認識が生じるという見方でした。このような環境とのインタラクションを通して私たちは周辺の知識を獲得し、そして獲得した知識を目に見える形で表現したものが地図なのです。言い換えれば、地図は場所に関する情報のコミュニケーションツールです。ところが、上でみたように地図によるコミュニケーシ

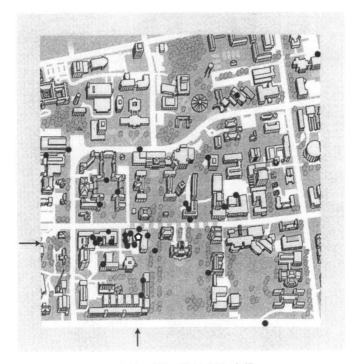

図 6.10 地図の利用と位置の把握
ある大学の学生にキャンパス内に置かれた旗を見つけてその場所を地図上にステッカーで示してもらった結果です（図左下の縦と横の矢印が交差する地点が正解の場所です）。回答は大きくばらついており、正解から遠く離れた場所に貼られたステッカーも多くみられます。(Reprinted with permission of Elsevier from Liben et al., 2002, p. 277, Fig. 1)

ョンはうまくいかないことがあるようです。

　そこで重要になるのが、伝わる情報デザインという考え方です。つまり、地図による場所情報のコミュニケーションのためのよい方法を考えましょうということになりますね。いよいよ、ユーザーの経験を考慮した人間中心デザインの考え方を応用すべき場面となります。前章の個人差の議論で明らかになったように、あらゆる場合に適した唯一の方法があるという考え方は現実的ではなく、ユーザーの属性と利用の状況に合わせた柔軟な方法を探ることが求められます。では、どうすればいいでしょうか。1つの方法として、地図の読み手の空間能力に着目した提示法を考えてみましょう。地図の利用で必要な

のは、地図－自分－空間の相互関係を理解することでしたが、その際、紙やタブレット画面上の地図と頭の中の地図を回転させて、現在の視点から見える光景と重ね合わせる必要があります。このことが、頭の中でイメージを回転させる空間能力が関係してくる理由ですが、図 6.11 にあるように心的回転テストのスコアには大きなばらつきがあります（得意な人がいれば不得意な人もいます）。すると提示する地図は実空間と向きが一致しているほうが望ましいといえますね。一致していない場合、頭の中で地図を回転させる必要がありますから、心的回転能力が低い人ほど大きな影響を受けることになります。しかし実際には、まちの中やショッピングモールなど広い屋内施設に設置されている地図のなかには、実空間との向きが一致していないものも珍しくありません（図6.12）。たとえば上下逆さまに置かれている地図の場合、見た人が行くべき方向とは反対に進み、迷ってしまうという結果になりますね。このことを逆に考えると、スマホのナビアプリで地図を示す場合には、ユーザーの空間能力に合わせたオプションとして、移動とともに地図を自動的に回転させるか、あるいは常に北が上になるように固定するかを選べるようにするのも効果的かもしれ

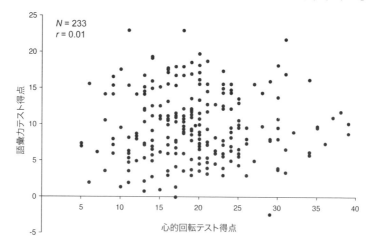

図 6.11 空間能力と言語能力の関係
心的回転テストの得点が横軸に示されていますが、大きなばらつきがあり、空間能力の個人差が大きいことがわかります。また縦軸は語彙力テストの得点で、両者の相関は低く、空間能力は高いが言語能力は低い人（あるいはその反対）が珍しくないことを示しています。(Graph based on data from Hegarty et al., 2006)

 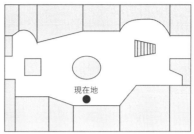

図 6.12　現在地を示す地図
公園や商業施設などで「現在地はここです」を示す地図を見かけると思いますが、設置されている地図の向きと実際の空間の向きが一致していない場合がよくあります。みなさんのまわりの地図を確かめてみてください。(Image from https://pixabay.com/)

ません。この点については、以下でナビゲーションシステムの利用をみる際にさらに深く考えましょう。

6.3　言葉による空間の表現とコミュニケーション

　ここまで、古代から用いられ私たちにとって身近な存在である地図を取り上げ、場所情報の表現とコミュニケーションについて考えました。私たちにとってもう1つの代表的なコミュニケーション手段は言葉ですね。そこで、この節では言葉による場所情報の表現についてみてみましょう。場所の情報を言葉で表現するというとむずかしく聞こえるかもしれませんが、実は私たちが日常的におこなっていることになります。みなさんも、家の中でカギをどこに置いたか聞かれる、オフィスの建物の中でトイレの場所を尋ねられる、街なかで近くの映画館までの道順を聞かれるなどといったことはないでしょうか。このような場合、みなさんはどのように答えますか？　「それは…」と言葉で説明をしますね。

　上記のような質問に対しては、たとえば「玄関の棚の一番上の引き出しに入れました」、「廊下をまっすぐ進んで突き当たりを右に曲がると左手にあります」、「この通りを西の方向に3ブロック進んでガソリンスタンドのある信号を左折すると見えてきます」などという答え方ができるでしょう。ここで、「一番上の」、「まっすぐ進む」、「右に曲がる」、「西の方向に」、「3ブロック進む」、「左折する」という言葉で空間を表現し、相手に伝えていますね。

このように空間における位置関係を表現するためには、ある場所が「どこにあるか」を示す枠組みが必要になります。言い換えると、ある物がどこにあるかを言うためには、別のある物を参照することが必要です。いま、みなさんの周辺にはただ真っ白な空間が四方に広がっており、他には何も見えないと想像してみてください。このような空間で自分の位置を特定することはできるでしょうか？　自分の他に何も参照すべき物がない状況では、「どこ？」という問いに答えるのはむずかしいですね。このような位置を特定する仕組み、あるいはある物を他の物に関係づけて表現する枠組みは空間参照系とよばれ、場所情報のコミュニケーションのための基礎となります。

　空間参照系はいくつかの種類に分けることができ、それぞれ独自の性質をもっています。分類の仕方にはいくつか異なる考え方が提唱されているのですが、代表的なものとして3種類の空間参照系に分ける見方を取り上げ、図6.13に示す光景がそれぞれの参照系でどのように表現されるかみてみましょう（Levinson, 1996）。1つ目は固有参照系とよばれるもので、ある物を関係づける他の物（基準となる物）に着目し、その基準となる物に固有の性質（形状など）を用いて位置関係を表す枠組みです。固有参照系を用いると、図6.13の光景は「その犬は家の前にいます」という言い方で表現することができます。玄関（メインの入り口）がある場所が家の正面（おもて）で、その反対側がうらという家に固有の性質を用いて位置関係を表しています。このような家固有の形状を参照した前／後の枠組み（家の前と後ろの区別）を用いることで、家の「前」という位置を特定しているのですね。

　2つ目は相対参照系とよばれるもので、ある物とそれを関係づける他の物の位置関係を観察者の視点から示す枠組みです。相対参照系を用いると、図6.13

図 6.13　空間参照系と位置の記述
この図に示された光景を言葉で説明する際に、「その犬は家の前にいます」（固有参照系）、「その犬は家の左側にいます」（相対参照系）、「その犬は家の北側にいます」（絶対参照系）という3つの言い方が可能ですが、その違いがわかりますか？ (Images from https://pixabay.com/)

の光景は「その犬は家の左側にいます」という言い方で表すことができます。この「左」というのは、観察者から見た左側ということですね。そして3つ目は絶対参照系とよばれるもので、ある物の位置を、観察者の外部にある物や環境中に固定された枠組みを用いて示す方法です。東西南北の方位はそのような枠組みの代表例で、絶対参照系を用いて図6.13の光景を表現すると、「その犬は家の北側にいます」という言い方になります。

　私たちが使うカーナビやスマホのナビアプリでも目的地までのルートを言葉で説明してくれる音声案内がありますが、そのような案内でこれら3つの空間参照系による表現は同等に使うことができるでしょうか？　この疑問に答えるため、各参照系での空間表現の特徴をみてみましょう。まず相対参照系と絶対参照系を比較しましょう。前者による位置関係の表現は、「相対」という言葉が示すように、観察者の視点にもとづいています。たとえば、いま図6.13の光景を説明する人が犬と家のまわりに180°回転し、現在の地点と真反対の位置に移動したとすると、この光景は「その犬は家の右側にいます」と表現されることになりますね。先ほどと同じ光景なのですが、「左側」という表現が「右側」という正反対の表現に変わります。それに対して、後者の絶対参照系による表現の場合は、周辺の環境中に掛けられた網目である東西南北の枠組みは犬、家、観察者のいずれからも独立で、四方位は観察者の視点と無関係ですから、言葉による表現も「その犬は家の北側にいます」のまま変わりません。このことは、相対参照系を用いたナビゲーション案内では、利用の状況（この場合はユーザーが向いている方向）に応じて表現を変える必要があることを示しています。

　では、固有参照系による表現についてはどうでしょうか。位置関係を表現する枠組みが基準となる物に固有の形（いまの例では家の正面）なので、観察者の視点にかかわらず「その犬は家の前にいる」という表現は変わりません。ただ、つぎのような場合はどうでしょうか。いま、図6.13の家が大きな木に置き換わった図6.14のような光景を考えましょう。この場合でも「前」という表現は変わらず「その犬は木の前にいます」という言い方ができるでしょうか？　答えは「はい」ですね。しかしこの場合、使っている参照系は、固有参照系から相対参照系に変わっていることにお気づきでしょうか？　なぜなら、

図 6.14　固有参照系と相対参照系
この図のような光景でも図6.13と同じように「その犬は木の前にいます」という言い方をすることができますが、木は固有の正面をもたないため、この場合は相対参照系での「前」を意味することになります。(Images from https://pixabay.com/)

大きな木には固有の正面がないからです（家の玄関のように、その正面を特徴づける固有の形状は木に備わっていません）。先ほどの「木の前にいる」という表現は、みなさん（話し手）から見て犬が木の手前（話し手に近い側）にいるということであり、家の玄関がある側という意味での固有の「前」を示しているのではないですね。もし観察者が現在と反対の位置に移動すれば、この光景は「その犬は木の後ろにいます」と表現されることになります。

　これらの議論は、同じ光景でも用いる参照系によって表現が変わり、使いやすいシステムの条件である状況認識を備えたナビゲーションと情報提示のためには、空間表現の特殊性（曖昧さともいえるでしょう）という観点から考慮すべき点があることを示しています。ナビゲーションにおけるコンテクストの重要性を示す同様の例としては、案内の目印となるランドマークの選び方があげられます。たとえばピンク色の建物は、標準的な住宅地では派手な（目立つ）建物でしょうが、繁華街で周辺にも同様の建物が多くある状況では、ピンク色というだけでは目立つランドマークとはいえないでしょう。さらには、「高い／低い」や「近い／遠い」という言葉の解釈も、その言葉が用いられるコンテクストに相対的であることが理解できるでしょう。

　言語による空間表現について、また少し違う視点からみてみましょう。これら3つの参照系による表現は、どのような受け手にとっても同等に理解しやすい表現でしょうか？　みなさんの経験から考えてみてください。目的地までのルートを示される場合に、「3つ目の信号を左折してください」と案内されるほうがわかりやすいでしょうか？　それとも「3つ目の信号を西の方向に曲がってください」と案内されるほうがわかりやすいでしょうか？　個人個人で感

じ方は違うかもしれませんが、多くの人は「左折してください」と言われたほうがわかりやすいと感じるのではないでしょうか？　もちろん空間的なスケールによって違うかもしれません。「高速道路を西に空港方面へ向かってください」と言うことはあっても、「机の上の（2つのコップのうち）西側のコップを取ってください」とはなかなか言わないのではないでしょうか。また、都市の構造に関係する部分もあるでしょう。たとえば京都やニューヨーク・マンハッタンの街は東西と南北に走る碁盤目状の道路からなっており、「北方向に上る」、「南方向に下る」などの言い方が日常的にされます。あるいは神戸やカリフォルニア・サンタバーバラなどは、まちの一方向が海に面し、反対方向が山に囲まれた地形となっているため、「山側／海側」とか、「山方向／海方向に進む」という表現がよく用いられます。このように地形などに特徴がある場合は、前後左右とともに東西南北による表現も理解しやすいといえるでしょう。

　さらには、空間参照系の理解に関しては、日常で使う言語が関係していることも知られています。たとえば英語やオランダ語は、位置関係を示す場合に相対参照系を使う傾向が強いといわれています。日本語もその仲間です（Kataoka, 2005; Levinson, 2003; Li et al., 2011）。先ほど、「西の方向に曲がる」と言うより「左折する」と言うほうがわかりやすいのではと述べましたが、みなさんも前後左右を用いた空間表現を日ごろよく使うのではないでしょうか。それに対して、空間表現には絶対参照系を用いる習慣がある言語も知られています。メキシコの先住民が用いるマヤ語の一種（ツェルタル語）では、「机の上の（2つのコップのうち）南側のコップを取ってください」のような言い方をします。実はこの地域の地形は全体的に緩やかに傾斜しており、傾斜の上り方向－下り方向の軸がおおよそ南－北の方角に対応しているという地理的な特徴もあるため、住民はどのような空間スケールにおいても上記のような絶対参照系による表現を用います（Brown, 2008）。つまり、言葉による空間表現は、ユーザーの空間能力などの心理的側面、周辺環境の地形などの地理的特徴、使用言語などの文化的特性との関連で考察することができ、ユーザーの属性と状況に応じた情報提示に重要な示唆を与えてくれます。

6.4 ナビゲーションツールと移動支援

　以上の議論で、私たちの頭の中の地図の正確さには大きな個人差があること、都市空間で自分がどこにいるかを知るのは高度な空間的思考であること、地図を用いて自分の位置を理解することは多くの人にとってむずかしいことがわかりました。つまり一般に思われているほど簡単ではないナビゲーションなのですが、現在では、衛星測位の技術（GPS）やさまざまな通信デバイス（QRコード、赤外線ビーコン、RFIDなど）を利用して、屋外だけではなく屋内でも目的地まで誘導してくれるツールが広く普及しています。ユーザーは、スマートフォンなどのモバイル端末で現在地や目的地までのルートの情報を得ることで、迷うことなく行きたいところにたどり着くことができます（図6.15）。さらにこれらのナビゲーションツールは、音声や振動などによる情報提示により、視覚に障がいのあるユーザーの自律的な移動を支援することも可能になっています。

　このように利便性と応用可能性に富んだナビゲーションツールは、当然有効に利用されるべきで、Society 5.0の名のもとに政府が進める超スマート社会の構築においても、位置情報をキーとした状況認識は現実空間と仮想空間を結びつけるための重要な基礎技術となっています。では、この章の冒頭で提起した疑問に立ち返りましょう。さまざまな機能を備えたナビシステムをもつ私たちにとって、もはやナビゲーションはむずかしいことではないのでしょうか？デジタルな地理情報が私たちの日常生活に溶け込んでいることを示すデータとして、移動の際に紙の地図を使う人が28%であるのに対して、スマートフォンの地図やカーナビを利用する人がそれぞれ62%と38%にのぼるという調査結果があります（ゼンリン, 2018）。最新のナビシステムを使えば、私たちは、進行方向が上になるように自動で回転

図6.15　デジタル地理情報とナビゲーション
現在のナビゲーションツールは、画面上でユーザーの現在地や進むべきルートを示し、曲がり角ごとに指示を出しながら利用者を目的地まで案内してくれる。
(Image from https://pixabay.com/)

する地図上で現在地とルートを見ながら、交差点ごとに進むべき方向の指示を受けて目的地まで案内してもらえます。これは言うまでもなく便利なツールですし、ユーザーは必要な情報をすべて与えられているといえます。

しかしながら、最近の研究から、これらのナビゲーションシステムは必ずしも効果的なナビゲーターではないことがわかっています。たとえば、紙地図を用いた場合あるいは他の人と一緒に歩いて道案内をしてもらった場合とくらべて、ナビシステムの利用者は、目的地にはたどり着きますが、歩く距離が長くなり、途中で迷って立ち止まる回数が多く、歩いたルートや周辺の景色を記憶する程度が低い傾向があります（Ishikawa et al., 2008; Münzer et al., 2006; Willis et al., 2009）。非常時の避難などにおいては、当然まず特定の場所までできるだけ早く着くことが優先されますが、普段の移動では、まわりの光景に目を止め記憶に残すこともまち歩きの楽しみのひとつです。観光の際に、目的地からつぎの目的地までただナビシステムの案内どおりに移動し、途中の様子は何も覚えていないというのは少し味気ない体験ですね。

ナビシステムの利用に関しては、ユーザーの空間認識に与える長期的な影響も議論されています。たとえばカーナビの利用者がシステムからの指示に受動的に従うことにより、公園に入り込んだり、崖の上や通り抜けできない狭い道で動けなくなってしまう、あるいは間違った方向に進んでいることに気づかないまま国境を越えて車を何百キロも走らせるといった少し信じがたい事例も報告されていますが（Milner, 2016b）、これらはナビの画面に意識が集中し、本来は移動の経験と一体化しているべき周辺空間が意識から外れてしまっていることを示しています。またナビから与えられる指示のまま移動することで、ルートの計画や選択というユーザーの意思決定も欠けた状態になります。これらのことが続くと、私たちの空間認識（場所の意識や方向感覚）が将来的には失われてしまうのではないかと懸念されています（Austen, 2013; Grabar, 2014; McKinlay, 2016; McKinney, 2010; Milner, 2016a; Neyfakh, 2013）。

このような懸念点は、最近の研究による実証データにも表れています（Dahmani and Bohbot, 2020; Ishikawa, 2019; Ruginski et al., 2019）。スマートフォンのナビアプリを日常的によく使う人は方向感覚や空間能力が低い傾向があり、それに対して紙地図の利用経験が長い人は、方向感覚が高く、まわりの空

間を俯瞰的にとらえる傾向があります。また、カーナビの利用経験が長い人ほど、はじめての場所を地図を用いて歩く際に間違える回数が多く、歩いたルートの形や空間的な位置関係を理解する程度が低いという結果が得られています。とくに注目すべきは、ナビゲーションや空間学習の正確さに対して高い方向感覚や空間能力が与えるプラスの効果よりも、長いカーナビの利用経験が与えるマイナスの影響のほうが大きいという結果です（図6.16）。すなわち、ナビシステムの利用に慣れ、過度に依存してしまうことが、都市空間に対する意識の低下や移動に関する意思決定の欠如につながり、ひいては私たちの空間認識をしだいに損なうという長期的な負の影響が実証データからも示唆されているのです。繰り返しになりますが、このことが単純にナビシステムを利用すべきでないという主張につながるわけではありません。先進の場所情報ツールの重要性と利便性は大いに強調されるべきで、それは十分理解したうえで、ここでの論点は、将来の高度空間情報社会で求められる空間リテラシーについて考えることも重要ではないかという問題提起になります。この点については、第

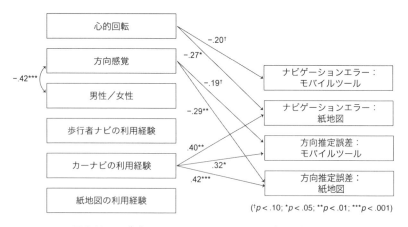

図6.16 ナビゲーションツールの利用とユーザーの空間認識

カーナビの利用経験が長い人は、地図を用いたナビゲーションで間違う回数が多く、空間的な位置関係の理解の程度も低いことがわかっています。また、カーナビ利用の経験がナビゲーションのエラーや方向推定の誤差を大きくする影響（パス係数の値が0.32から0.42）は、高い方向感覚や空間能力がエラーや誤差を小さくする効果（パス係数の値が–0.29から–0.19）とくらべて大きいことも注目に値します。(Reprinted with permission of Taylor & Francis Ltd from Ishikawa, 2019, p. 207, Figure 5)

10 章で都市の情報化と場所のエクスペリエンスというテーマでさらに考えることにしましょう。

[さらに深く考えるためのディスカッション課題]

(1) 空間の中で自分がいまどこにいるか知っているというのはどういう状態のことを指すのでしょうか？　自分がいまどこにいるかわかっていると言えるのは、どういう条件を満たしているときでしょうか？　自分の位置を知ることはどのようにすれば可能でしょうか？　反対に、道に迷ってしまったというのはどういう状態のことでしょうか？

(2) 自分がいまどこにいるかを他の人に伝えるにはどうすればいいでしょうか？　何をどう伝えますか？　場所や位置を表現し伝えるにはどのような方法があるでしょうか？　また、自分がいる場所の説明を相手が理解した（コミュニケーションが成立した）かどうかを確かめるにはどうすればいいでしょうか？

(3) 目的地まで迷うことなくたどり着くためにはどのような情報が必要でしょうか？

(4) 他人を目的地まで案内するためにはどうすればいいでしょうか？

(5) 地図が読める、地図がわかる、地図を理解するとはどういうことでしょうか？

(6) 空間を言葉で表現することはできるでしょうか？　友だちとの会話、SNS のテキストメッセージ、旅行のガイドブックなどを探してみましょう。たとえば文学作品における空間や場所の描写にはどのようなものがあり、どのような効果を生んでいるでしょうか？

(7) みなさんはナビゲーションツールをよく利用しますか？　どのような場合にナビツールを使うでしょうか？　地図を利用したナビゲーションとナビツールを利用したナビゲーションの違いを議論してください。

第7章　都市のエクスペリエンスと私たちの感情
——環境心理——

【第7章の目標】第5章と第6章の議論で、都市における私たちの行動を人間と空間のインタラクションとエクスペリエンスという視点から考えることのおもしろさを感じていただけたのではないかと思います。空間における個人の認識から行動が生じること、すなわち物理的な空間とともに心理的な空間が大きな影響をもつことを知ることで、私たちの空間行動をプロセス的な視点からより深く理解することができるのでした。このことは、第2章、第3章でみた集計データにもとづく規範的モデル分析から一歩進み、個人の内面（第5章では認知地図という言葉で考えましたね）にもとづいて私たちの行動を説明する見方の重要性を示しています。本章では、私たちの頭の中の地図の要素として知識ととともに重要な「感情」について議論することにしましょう。都市における私たちの行動と心理を結びつけて考えることはできるでしょうか？

7.1 都市における人間の感情：どう感じるのか

　本書で議論している空間の理論的考察は、まず第2章の空間的立地パターンに関するフォーム的なアプローチや、第3章の空間的相互作用モデルにもとづいた集計データ分析から出発しました。続いて第4章では、私たちが製品、サービス、場所に対して感じる心理的な評価を価値という側面から考え、第5章と第6章ではいよいよ私たち個人の経験と認識に焦点をあて、頭の中の地図をくわしくみました。このように徐々に個人のエクスペリエンスに焦点を移してきた議論の背景にあるのは、都市の立地パターン（どこに何があるか）や空間的相互作用（場所どうしの関係）についての規範的モデル分析の知見を受けて、なぜそこに立地するのか、なぜそのような分布をするのか、なぜそこに行くのかをより深く知りたいという好奇心でした。すなわち、これまでのモデル分析で明らかになった立地や行動のパターンを説明したいという知的な欲求であり、そのためには個人レベルでの思いや考えを考慮すべき（フォームからプロセスへ）という認識でした。私たちの場所の経験と認識について、前章までは空間に関する知識を中心にみてきましたが、本章では知識と同様に重要なエ

クスペリエンスの要素である「感情」について考えることにしましょう。

　都市において私たちはさまざまな知識を獲得し、頭の中に地図を描くことをみました（ただその正確さには大きな個人差がありました）が、私たちの頭の中の地図には、空間的な位置関係だけではなく、場所に関する思いも同時に表現されているのではないでしょうか。みなさんの場所の経験においては、何がどこにあるかという位置の情報とともに、その場所についてどう感じるか、すなわち心地よい、落ち着く、退屈だ、好きだ、嫌いだ、愛着を感じる、懐かしいなどさまざまな感情がセットになっているでしょう。このような感情が、みなさんが経験する一つひとつの場所を単なる空間ではなく、みなさんにとって意味や価値をもつ場所にしている要因でもあります（Appleton, 1975; Tuan, 1977）。

　よって、都市の空間行動に関する「なぜ」に答えるためには、都市の中にいる私たちがどのように感じているかを知ることが 1 つの重要な手がかりになります。なぜこの場所に愛着を感じるのか、なぜこのような景観が好きなのか、なぜこのような環境を心地よいと感じ、住みたいと思うのかなど、私たちと環境の相互関係にもとづく経験と認識を心理面から研究する分野は環境心理学とよばれ、個人の空間認識としての場所のエクスペリエンスを考えるための多くの有益な視点を提供してくれます。

　環境心理学的な空間の見方を議論する前に、まず私たちの思いや感じ方を知ることはできるのか、言い換えれば私たちの「心の中をのぞく」ことはできるのかについて明らかにしておきましょう。もちろんいくら目を凝らしても人間の心を直接読み取ることはできませんが、私たちの心の中の情報処理や意思決定のプロセスを学問的に意味のある形で調べることは可能です。第 5 章と第 6 章では私たちの空間知識の構造と学習プロセスに関する学問的知見とその応用可能性をみました。同じように、人間の感情についても、その心理的な構造を調べることが可能で、多くの研究成果が積み重ねられています。もし私たちの感情を知ることができないのであれば、場所のエクスペリエンス、すなわち個人の思いや考えにもとづいて空間行動を説明することができないということになります。そしてユーザーを中心に考えて場所のいい経験を作り出すこともできなくなってしまいます。しかし、実際はそうではありません。

では最初に、私たちの感情には、楽しい、悲しい、好きだ、嫌いだ、驚いたなどさまざまな種類がありますが、それらの感情を客観的に説明することはできるのかという疑問に答えていきましょう。この点に関して、オズグッドらはさまざまなモノや概念に対する私たちの印象（感情的な意味づけ）を分析することにより、私たちの感情が「感情スペース」なる3次元空間内の配置によって分類できることを示しました（Osgood et al., 1957）。感情スペースを構成する3つの軸は私たちの感情を説明する因子であり、影響力の大きい順に、評価性、力量性、活動性とよばれます。評価性の因子はプラスとマイナスの評価に関わり、よい－悪い、快－不快、好き－嫌いに関する判断を示します。力量性の因子は力強さ、大きさ、重さに関わり、大きい－小さい、強い－弱い、重い－軽いなどの形容詞で表される印象に関係しています。活動性の因子は速さ、興奮、暖かさに関わり、速い－遅い、積極的な－消極的な、熱い－冷たいなどの形容詞で表される印象が例としてあげられます。

このように、私たちがさまざまな対象に対してもつ感情や思いは定量的に分析することができ、評価性、力量性、活動性という3つの軸にもとづいて分類することができます。とくに場所のエクスペリエンスに関わる感情については、環境心理学において、周辺環境によって引き起こされる私たちの感情を上記の感情スペース内での配置をもとに説明する研究がされてきました。その際に使う手法はSD法（セマンティック・ディファレンシャル；意味微分法や意味差判別法などと訳されます）とよばれ、都市における建築や景観に対するイメージを、心地よい－不快な、楽しい－悲しい、活気のある－落ち着いたなどの形容詞の対で尋ねる質問への回答（5段階や7段階での評定値）を分析することで評価します。たとえばラッセルらは、さまざまな景色や景観に対するイメージ評価の回答を分析し、場所が呼び起こすイメージを環境の心地よさに関する評価（快適性）と私たちの思いを刺激する程度（喚起度の高低）の2つの軸からなる平面によって説明しました（Russell and Pratt, 1980; Russell et al., 1981）。

具体的な例を見てみましょう。図7.1は、心地よい、わくわくする、眠い、くつろいだなどの環境のイメージを表す形容詞を、横軸（快－不快の評価）と縦軸（感情の活動性・覚醒度の高低）それぞれの位置でプロットして示したも

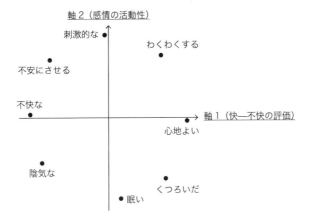

図 7.1　感情スペース内の形容詞の配置
都市のさまざまな景観に対する感情の評価値を SD 法を用いて分析し、環境のイメージを表す形容詞を感情スペース（快-不快の評価を横軸、感情の活動性の高低を縦軸とする平面）にプロットしたものです。平面上の位置で各形容詞の内容を説明してみましょう。（図は Russell and Pratt, 1980 をもとに作成）

のです。これを見ると、たとえば「わくわくする」と「不安にさせる」という感情は、活動の程度は同じですが、前者は快を表す感情、後者は不快を表す感情であることがわかります。また「わくわくする」と「くつろいだ」という感情は、評価性については同じでともに快（プラス）の感情ですが、前者は活動性が高く、後者は低くなっています。都市の建築や景観を対象とした場所のイメージに関する研究は数多くなされており、上述の評価性と活動性の因子の他にも、落ち着き、まとまり、明るさ、スケール感、親しみ、温かみなどに関する因子が提唱されています（平手ほか, 1996; 槙ほか, 1994, 1995; 小栗ほか, 2015; 楊・石川, 2015）。

　私たちの感情やイメージというと、客観的にとらえるのがむずかしいという印象をもつかもしれませんが、以上の議論から、ふさわしい方法を用いることで分析的な評価の対象となることがわかりました。感情スペースを構成する評価性や活動性という因子の発見は、私たちの場所のエクスペリエンスを意味のある形で調べるための手がかりを与えてくれます。これで、本節の冒頭であげた、心地よい空間、落ち着く場所、好きな景色といった表現（日ごろ私たちは何気なく使っていますが）がもつ意味を学問的に考察するための準備ができま

した。では、私たちが場所に対してもつ感情や、ある景観を見たときに感じる思いはどのような特徴があるのでしょうか。都市空間における私たちの心理には一般的な傾向がみられるのでしょうか、あるいは個人の属性や状況による影響もあるのでしょうか。これらについて、以下でくわしくみていきましょう。

7.2 環境の心理的評価：環境からのアプローチ

　感情スペースの因子構造に関する研究から、私たちの感情は大きく2つの側面で考察することができ、対象についての心理的な評価に関わる部分（いいと思うか、好ましいと感じるか）と、その対象の性質を表す部分（大きい－小さい、強い－弱い、熱い－冷たいなど）からなることがわかりました。私たちが見たり、聞いたり、触れたりして、エクスペリエンス（思い、考え、体験価値）を形作る対象は、具体的な物から抽象的な概念までさまざまですが、場所のエクスペリエンスという観点から興味の対象となる代表例は、建築・都市のスケールでの空間（景観、まち並み、ランドスケープ）ではないでしょうか。私たちは日常生活の経験を通して、好きな景観、住みたいまち、あるいはそこにいると落ち着かない場所など、都市空間に関するさまざまな思いを心の中にもつようになります。ギブソンが提唱した生態学的な視覚論は人間と環境のインタラクションを重視し、私たち人間は、環境が与えてくれる機能を光の配列（レイアウト）を読み取ることで直接知覚し、環境の中で何ができるかを判断しながら環境に適応することを論じました（7.4節でくわしくみます）。このことは、環境に対する私たちの価値判断（意味づけ）という観点からとらえることができます。周辺環境が私たちが感じる価値や意味と結びついているのであれば、対象である環境の側に私たちの感情に働きかける要素があると考えられないでしょうか。このような問題意識から、環境心理学では、都市の景観の特性を私たちの感情や心理的評価と関連させて研究をおこなってきました。

　私たちと環境とのインタラクションから生まれる感情や思いは、なぜ場所によって違うのでしょうか？　私たちは、好ましいと思う景色や落ち着くと感じる場所がある一方で、あまり好きではない、心地よいとは思わない景観もあります。このように私たちの心の中に異なる感情を呼び起こす原因となる周辺環境の特徴は何でしょうか。この問いに答えるため、心理学者であるバーライン

は、私たちを取り囲む環境を視覚的に与えられた情報ととらえ、観察者による情報の探索と美的な判断の関係を明らかにすることで最適な環境の特性を探りました。環境とのインタラクションにおいて私たちは環境から情報を獲得し、環境について学習しますが、バーラインはその視覚的な学習プロセスで私たちの神経システムが受ける刺激に着目し、ちょうどよい程度の刺激を与えてくれる環境を私たちは好ましいと感じるはずだと考えました。具体的には、私たちにとって理解するのが簡単すぎることもなくむずかしすぎることもない環境が最適であり、私たちの学習意欲（環境の視覚的な情報を探索する行動）と意識の覚醒度合いを適度に高め、好ましいという美的な感覚につながるというのです（Berlyne, 1966）。

　このような考え方のもとで、バーラインは環境の視覚的な特性を、複雑さ、目新しさ、不調和、驚きと名づけた要素に分類し、これらが私たちの心に働きかけ注意を引くことで、周辺環境の心理的な評価（よさや美しさの判断）を導くと論じました。複雑さは、環境や景観を構成する要素の数、多様さ、詳細さに関する概念で、各要素が互いに異なる程度、あるいはひとまとまりとみなせる程度によって決まる変数です。目新しさは、目の前の景観がこれまで見たことのないものであったり、通常とは異なる様子であることを示し、私たちの過去の経験と照らし合わせて判断されます。不調和は、注意を向ける対象の景観とその周辺の様子や状況がそぐわない様子を示し、不一致の程度が大きい景観は、私たちの予想や期待を裏切るものとして、見る人に驚きの感情をもたらします。

　一般に、複雑で、目新しく、不調和や驚きの程度が高い景観は私たちの注意を引き、その景観に対する私たちの意識を高めるというのがバーラインによる環境評価モデルの考え方で、この意識の高まり（覚醒度の上昇）に応じて私たちが感じる好ましさの感情（ポジティブな評価）も高まるでしょうということになります。すなわち、前節でみた感情スペースの 2 つの軸（快−不快の評価と感情の覚醒度の高低）が相互に関連しながら景観の心理的評価をもたらすという説明になります。ここで、おそらく読者のみなさんも想像するように、複雑さ、目新しさ、不調和、驚きの程度があまりにも高いと、見ている私たちの感情の覚醒度は上がりますが、そのような景観を好ましいと思う気持ちは逆に

下がりそうです。複雑すぎる光景や経験したことがない未知の光景は、落ち着かない思いや不安な気持ちを呼び起こすのではないでしょうか。すると、ちょうどよい複雑さや目新しさの程度があるようです。すなわち、景観に対する私たちの好ましさの感情を最も高める覚醒の度合いがあり、そこまでは好ましさの感情も高くなりますが、その最適点を過ぎると、好ましさの感情は一転して下がると考えられます。実際、景観が呼び起こす感情の覚醒度の程度と好ましさの心理的評価の関係は、一般に図 7.2 のような逆 U 字型の曲線で表現されます。

ウォールウィルは、バーラインが提唱した環境の視覚特性の変数のうち複雑さに着目し、風景の美的な評価との関係を実験により調べました（Wohlwill, 1968）。その結果、写真で提示した風景の複雑さの程度が高いほど、回答者がその写真を見つめる回数は直線的に多くなりましたが、回答者による好ましさの評定値は、複雑さが中程度の風景に対して最も高くなり、先ほど述べたような逆 U 字型の曲線で示される関係がみられました。つまり私たちは一般に、単純すぎず、また複雑すぎない景観を好む傾向があることがわかります。また、景観の好ましさの評価は、具体的な景観の種類（ビルが建ち並ぶ都会の光景、田園風景）や構成物（海や川などの水、草や木の葉などの緑）にも影響を受け、一般的に、都会の人工的な風景よりも自然の風景のほうが好まれる傾向が知られています（Kaplan et al., 1972; White et al., 2010）。この人工と自

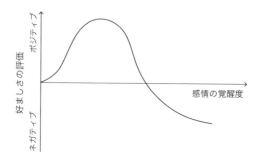

図 7.2　感情の覚醒度と好ましさの関係
環境が私たちの感情に働きかける程度と私たちがその環境を好ましいと感じる程度には逆 U 字型の曲線で示されるような関係があり、私たちにとってちょうどよい複雑さや目新しさの程度があることがわかります。

然の対比は景観の複雑さとの関連で説明されることがあり、規則的な直線で構成される人工的な風景に対して、不規則な曲線からなり、さまざまな形や色が連続的なグラデーションで変化する自然の風景は、人間にとって望ましい程度の複雑さを生み出すためではないかといわれています（Hartig and Evans, 1993; Wohlwill, 1983）。

　バーラインによる視覚特性と情報探索の理論は、環境の構成要素と観察者の心理的評価の関係を実験心理学的に説明した先駆的なモデルであり、日常的に用いられる「いい景色」や「悪い景観」といった表現の意味を人間の感情や感性の面から考察する理論的な枠組みとして有効性をもっています。その応用範囲は広く、現在でも絵画や音楽の感性評価、食品や飲み物の好みの分析、人間の学習と記憶、ロボット工学、人工知能、機械学習など多くの分野で利用されています（Lévy et al., 2006; Palczak et al., 2020; Silvia, 2005; 筒井・近江, 2009）。

7.3　環境の心理的評価：環境と観察者の相互関係からのアプローチ

　上述のバーラインのモデルにより、環境に対する観察者の美的な感情を対象の視覚的な要素によって説明し、私たちが思う好きな／嫌いな景観、いい／悪い景観を環境の特性から予測することができるようになりました。同じように環境の心理的評価を理論的に考察したモデルとして、レイチェル・カプランとスティーブン・カプランによる環境選好モデルがあります（Kaplan and Kaplan, 1989）。カプランらは、環境の視覚的要素の変数だけでは美的な感情を十分に説明することはできず、観察者による心理的評価は環境の具体的な種類や内容（田舎に対して都会、自然に対して人工的な風景など）の影響が大きいこと、またたとえば自然の風景といっても実際は多様な風景があり、それらの好ましさの評価にはばらつきがあることに注目しました。そのもとでカプランらは、観察者である人間の心理的な欲求や傾向についても明示的に考慮し、環境と人間のインタラクションと観察者による情報処理という側面から景観の美的評価を説明するモデルを提唱しました。

　カプランらによると、人間は生存のために周辺の環境について学習し新しい知識を獲得することを望みますが、現在の知識や過去の経験だけでは理解でき

ない新奇な環境は避けたいという思いもあります。つまり人間には、現状を理解したいという欲求と、未知の環境を探求し新たな知識を得たいという欲求の双方があります。このことから、カプランらは私たちの環境の好みを決定する要因として2つの軸からなるモデルを提唱しました。一方の軸は、環境と人間のインタラクションの2側面としての周辺環境の理解と新たな情報の探索を対照的にとらえた軸で、いま何が起こっているのか知りたいという欲求と、さらに奥には何があるのかを見出したいという欲求を対比させています。もう一方の軸は、環境からの情報の得やすさを示す軸で、目の前に広がる光景に表れた情報（目に映る2次元的な平面上で知覚できる情報）と、見える光景の背後に潜んでいる情報（奥行きのある3次元空間の内部に隠れている情報）の2種類を対比させています。

　以上の2つの軸をもとにカプランらは景観を4つに分類し、私たちが好ましいと感じる景観の特性を議論しました（表7.1）。まず1つ目は、私たちの理解したいという欲求を満たすと同時に、情報は見える表面の部分にすべて表れている景観で、このような特性をカプランらは一貫性とよびました。一貫性をもつ景観は、見る人にとって理解しやすく、心にひとまとまりのイメージとして思い浮かぶ光景といえます（図7.3、左上）。2つ目は、理解したいという欲求を満たす一方で、見えている表面だけではなく奥の隠れた部分の情報も推測させる景観で、このような特性は明瞭性（わかりやすさ、読解性）とよばれます。明瞭性をもつ景観は、一貫性をもつ景観とくらべて含む情報は多いですが、わかりやすさは保っており、3次元的な広がりの中で迷うことなく自分の位置を把握することができます（図7.3、左下）。この特性については、ケビン・リンチが都市のイメージを議論する際に重視したわかりやすさの概念（生き生きとイメージが思い浮かぶ都市）との共通点を指摘す

表7.1　カプランらによる景観の4特性

	人間の欲求：	
情報の得やすさ：	周辺環境の理解	新たな情報の探索
目に映る2次元的な平面上	一貫性	複雑性
奥行きのある3次元空間内部	明瞭性	神秘性

第7章 都市のエクスペリエンスと私たちの感情　101

一貫性、まとまり　　　　　複雑性

明瞭性、わかりやすさ　　　神秘性、ミステリー

図 7.3　カプランらによる環境選好モデル
私たちが好ましいと感じる景観の特性として、一貫性（左上）、明瞭性（左下）、複雑性（右上）、神秘性（右下）の4つが議論されています。(Images from https://pixabay.com/)

ることができます。

　3つ目は、さらに探索することで新たな情報を知りたいという私たちの欲求に働きかけるが、情報は目に見える表面に表れている景観です。このような特性は複雑性とよばれ、表面にある多くの情報をさらに探索するよう観察者を誘う景観です（図7.3、右上）。4つ目は、同じく私たちの探索心に働きかける景観ですが、情報は表面にそのまま表れているのではなく隠れた部分についても推測させる景観です。このような特性は神秘性（ミステリー）とよばれ、3次元的な広がりの奥に入り込むことで得られるであろう未知の情報の存在を期待させる、いわば謎めいた光景といえます（図7.3、右下）。

　これら4つの環境の特性（一貫性、明瞭性、複雑性、神秘性）が人々の景観の好みに影響を与える程度については、自然や都市のさまざまな光景を対象に調べられてきましたが、回答者による各光景の心理的評価（評定値）との相関の値は研究によって大きくばらつき、一貫した結果は得られていません

（Herzog, 1985, 1992; Stamps, 2004）。その要因のひとつとして、個人の属性の影響が考えられます。これまでどのような場所に住んできたかという経験、評価対象の景観についての知識や親しみの程度、文化的な特徴、社会経済状況（教育、収入、職業）などが好ましさの評価に関係するでしょう。このような問題点があることを認識したうえで、カプランらの環境選好モデルは環境デザインなどの場面で応用されています。たとえば、ランドスケープデザインにおいて、一貫性をもたせるためエリアごとに区分けをしまとまりのある構成にする、明瞭性を高めるため目につきやすいランドマークを作りわかりやすさを増す、神秘性を誘発するため曲がりくねった道やゲートから行く先の光景の一部だけが見えるようにし奥へ誘うなど、好まれる景観を作るためのアイデアも議論されています（Kaplan et al., 1998）。

7.4 環境と私たちの関わり：バイオフィリアとアフォーダンス

　ここまで都市空間における私たちの心理について議論してきました。日常生活での場所のエクスペリエンスとして、第5章と第6章では頭の中の地図を、本章では環境の美的な評価をみました。私たちの空間行動や意思決定を支えるこのような知識や感情の源は、本書の基本テーマとして繰り返し述べてきたように、私たちと環境とのインタラクションから生まれる場所の経験です。私たちの場所の知識と感情は、経験の主体である私たちの認識の特徴や心理的な属性の影響を受けるとともに、経験の対象である環境の視覚的な要素や物理的な構成からも影響を受けるという双方向性を特徴としています。

　多くの環境の美的評価モデルが拠りどころとしている考え方のひとつに、私たちの進化の過程に着目した環境選好の理論があります。これはバイオフィリアあるいは生息地理論とよばれ、私たち人間は、自然の中で生き延び進化してきた種としての経験と記憶にもとづき、私たちの生存にとって有利な環境を好むはずだという考え方です。ここで私たちの祖先のことを考えてみましょう。祖先といっても、みなさんのお祖父さん、お祖母さん、そしてそのまたお父さんとお母さんのことではなく、時間的にもっと大きなスケールで、私たちの種としての祖先、すなわち人間がこの地上に誕生したころを考えてみましょう。どの時点を人間の起源とするかについては諸説ありますが、私たちの祖先ホ

モ・サピエンスは、20万年〜30万年ほど前にアフリカで誕生したといわれています（さらにさかのぼり、猿人とよばれる人間の祖先を考えると400万年〜500万年ほど前ともいわれます）。先ほど用いた「生存」という言葉は現代の私たちには少し大げさに聞こえるかもしれませんが、これら私たちの祖先にとって、外敵から身を守り、周辺環境やときには過酷な自然条件に適応して生きることは簡単ではないことが想像できるでしょう。だからこそ、何十万年にもおよぶ私たちの祖先からの経験は私たちの空間認識に（無意識に）影響を与えているはずで、それゆえに、環境への適応と生存のための機能を果たすことができるような有利な条件をもつ景観を私たちは好ましく思い、美的にも高く評価するでしょうという考え方が、生息地理論の枠組みになります。

　このような考え方を直接的に応用した環境の美的評価のモデルに、アップルトンが提唱した眺望・隠れ場理論があります（Appleton, 1975）。上記で、私たちが好ましいと思う環境は私たちの生存にとって有利な環境のはずだという言い方をしましたが、そのような条件としては具体的にどのようなものが考えられるでしょうか。アップルトンは、私たちが環境の中で適応し生き延びるための条件として、環境について必要な情報をすぐ得ることができることと、相手から自分の身を隠す場所を確保できることの2つを考えました。言い換えれば、周辺の状況をよく観察できると同時に、外敵や悪天候から身を守ることができることが重要で、すなわち、相手から身を隠しながら相手を見ることができるような環境にあることが生存には望ましいということになります。アップルトンの理論に出てくる「眺望」と「隠れ場」という言葉は、このように見晴らしがきき周辺を見渡せることと、自分の身を潜め守ることができることをそれぞれ意味しています。そして、眺望と隠れ場を提供してくれる環境が私たちの生存に資するからこそ、私たちはそのような環境を美的にも好ましいと感じるでしょうというのです。

　では、眺望と隠れ場を与えてくれる環境とは具体的にどのような場所でしょうか。アップルトンの理論によれば、自分の生存に適しているという認識が種としての人間の進化を通して受け継がれている場所ということになりますが、環境心理学ではこの「種としての進化」という点に着目し、人間の祖先が暮らした場所であるサバンナを取り上げることが多くあります。一般にサバンナで

は、平らな草原が広がり周囲を見渡せるとともに、適度に葉の生い茂った樹木が密集している地帯もあり、自分の身を潜めることができます。さらに川などもあり水も得ることができる環境は、人間が生きる環境としては理想的なものといえます（図7.4）。眺望・隠れ場理論では、この記憶が何十万年という長期間にわたり世代を超えて受け継がれ、現代の私たちの環境の美的感情や好ましさの判断に影響を与えているはずだというのです。さて、みなさんにとって、一部で視界が開けて他を見渡すことができ、同時に他者の目から自分の身を隠す部分も存在する環境は理想的な場所だと感じるでしょうか？

　生息地理論のこの基本的な考え方は、人間と環境を相互に補い合う分かちがたい存在としてとらえ、私たちが環境に何を求め、環境が私たちに何を与えてくれるかという視点から人間の知覚を議論するアフォーダンス理論ともつながりがあります。アフォーダンス（affordances）とは、与える（give）を意味する動詞であるアフォード（afford）の名詞形として考えられた用語です（Gibson, 1979）。ギブソンによって提唱されたこの理論によると、私たちが理解すべき「環境が何を可能にしてくれるか」という情報は、環境中に光の配列として示されており、私たちはその情報（環境のレイアウトと私たちの行動の可能性）を直接読み取って行動しています。たとえば、目に映る光景が右から左に一定の速さで流れていれば自分は左から右に進んでいると理解する、あるいは平ら

図7.4　アップルトンによる眺望・隠れ場理論
生息地理論にもとづく進化論的な議論では、生存という観点から、私たちにとって理想の環境は相手から身を隠しながら相手を見ることができるような場所だとされ、アフリカのサバンナが例としてあげられます。みなさんはどのように感じますか？ (Image from https://pixabay.com/)

第7章　都市のエクスペリエンスと私たちの感情　105

で体重を支えてくれる面を見ればそこに座ることができると判断するなど、環境が与える情報を自分たちの行動との関わりで環境中からすくいあげるというイメージです。ギブソンは、このように人間と環境は密接に結びついており全体論的な視点で考えるべきだという見方を強調し、それを生態学的（エコロジカル）なアプローチとよびました。この考え方は本章で示した環境心理学のモデルと密接な関係をもち、また本書のテーマである場所のエクスペリエンスを議論する際にも重要な視点を提供してくれます。

　さて、本節でみた進化論的な議論、すなわち私たちは自分たちの生存に有利な環境にひかれるという見方にそって考えると、私たちが種としての人間の進化の期間を通して長く接してきた環境は自然環境であり、都市的・人工的な景観はそれにくらべるとごく最近になって現れた環境です。そのため、私たちは自然の要素を含む景観をより好ましいと感じるのではないかと想像できます。実際、自然の景観と都市的な景観をくらべた場合、前者のほうが美的な心理的評価が高く、後者の都市的な景観においても、植生など緑が多く、建物が密集していない地域のほうが居住満足度が高いという研究結果が得られています（Herzog, 1992; Kaplan et al., 1972; van der Jagt et al., 2014）。また、自然景観は心理的な回復効果をもたらし、自然への接触（森や林を散歩する、山や川などの写真や絵画を見るなど）は心理的なストレスや手術後の緊張・不安の軽減につながることが報告されています（Moll et al., 2022; Ulrich et al., 1991）。さらに、このような景観の美的な評価は先験的かつ無意識におこなわれることもわかっており、上でみたサバンナのように（自分が）見られることなく（他を）見ることができる環境を好む傾向は、年齢が低い子どものころに強く表れ、年齢が上がるにつれてその傾向が弱くなっていくという調査結果があります（Balling and Falk, 1982; Falk and Balling, 2010）。これは、年齢とともに具体的な居住の経験や場所の知識が増えることで個人の属性の影響が強くなることを示しており、生まれ育った環境が自分の故郷となり愛着ある場所となる（空間から場所へ）という議論にもつながる、場所の経験についての興味深いテーマです。

［さらに深く考えるためのディスカッション課題］

(1) オズグッドらによる感情的な意味づけの研究は、SD 法を用いた私たちの印象調査として広く応用されていますが、その基礎には心理的なイメージがもつ重要性の認識があります。私たちの日々のさまざまな行動は対象に対する心の中のイメージがもとになっており、そこから私たちにとっての「意味」が生じるという考え方です。このことを、本書の中心テーマであるユーザーエクスペリエンスの視点から議論してみましょう。

(2) ラッセルらによって示された場所のイメージを表す形容詞の平面配置をみました（図 7.1）。みなさんが気になる景色や景観を取り上げ、それらに対するイメージを形容詞で表してください。それらの形容詞を図 7.1 の平面に置くと、どこに配置されるでしょうか？　みなさんの場所のイメージを快－不快の評価と感情の活動性という 2 つの軸で説明することはできそうでしょうか？

(3) バーラインによって提唱された環境の視覚的特性をさらに考えましょう。本章では、複雑さ、目新しさ、不調和、驚きと名づけられた特性を紹介しましたが、他にみなさんが思いつく視覚的な特性はあるでしょうか？　また、これらの特性がみなさんの心理的な評価（よさや美しさの判断）に与える影響はどの程度だと思いますか？　本文で紹介した芸術の感性評価や食品の好みの分析への応用例を参考に、他の分野での応用可能性を議論してください。

(4) カプランらによる環境選好モデルは、周辺環境を理解したいという欲求と新たな情報を探索したいという欲求を対比させて議論していますが、みなさんにとってこれら 2 つの要素はどの程度重要だと思いますか？　また、みなさんのまわりの景観とその心理的評価を、一貫性、明瞭性、複雑性、神秘性の 4 つの特性で説明してみましょう。

(5) 本章では生息地理論という考え方やアップルトンが提唱した眺望・隠れ場理論を紹介しました。このように場所や景観に対する私たちの好みを進化論的に説明する方法についてのみなさんの考えを聞かせてください。また、私たちはサバンナのような環境を好むのではないかという仮説をみなさんはどう思いますか？

(6) 私たちが好きな景観、あるいは好ましいと思わない景観には、一般的な特徴や傾向があるでしょうか。本文では自然景観と人工的景観の対比などを紹介しましたが、個人の属性の影響も含め、環境についての美的な感情や心理的な評価を広く議論してみましょう。

第8章　都市の居住環境と居住者の心理

【第8章の目標】さて、ここまで私たちの空間行動を考えるさまざまな見方を紹介してきましたが、その根底には、空間における個人の経験と認識を知ること、すなわち場所のエクスペリエンスという視点の重要性の理解がありました。では、個人の経験と認識という基本的な考え方を、私たちの日常の生活空間、すなわち都市に展開させて応用的な議論を進めましょう。みなさんは、テレビのコマーシャルや新聞の折り込み広告で、都市と居住に関するさまざまな表現を目にすると思います。そこには「ラグジュアリーな住空間」、「子育て世代応援マンション」、「教育的な居住環境」、「ゆとりのある生活空間」、「多様なライフスタイルに合わせた先進のまちづくり」など魅力的な言葉が並んでいるのではないでしょうか。では魅力的な住環境とはどのようなものでしょうか？　居住に関する満足度とはどのように評価されるのでしょうか？　そもそも価値観やライフスタイルとはいったい何でしょうか？　このように都市の居住と居住者の心理は密接に関係しており、エクスペリエンス的な視点からの議論が欠かせません。以下で具体的にみていきましょう。

8.1　私たちが住む環境と居住の満足度

　第7章では、環境を一般的に景観・ランドスケープという観点からとらえて、都市における私たちの美的な感情や評価を環境心理学的に議論しました。本章では、私たちが毎日の生活を送る場である居住空間に焦点をあて、都市の居住と心理をより具体的にみていきましょう。私たちが周辺環境を好ましいと感じるかどうかは場所のエクスペリエンスに関する重要なテーマのひとつですが、ここまでの議論では、環境をとくに視覚的な情報ととらえ、私たちの感情が刺激を受ける程度、周辺の様子を理解したいあるいは探索したいという欲求、環境に適応することの必要性という各視点から考える理論モデルをみました。私たちと周辺環境の関係を考える際には、上記のような進化論的・生態学的な観点からの議論と同様に、日常生活における基本的な要求・ニーズが満たされているかどうか、すなわち日々の居住のための環境が十分に満足できる状態にあるかどうかという観点からの議論も重要です。

では、都市の居住環境を満足できる水準に保つためには、どのような条件が必要でしょうか。この点については、住環境という観点から議論がされてきました（浅見, 2001）。一般に住環境は、安全性、保健性、利便性、快適性の4つの要素にもとづいて議論することができます（最近では持続可能性の理念も加えることが多くあります）。安全性とは、私たちの生命や財産が災害から守られている状態を意味し、犯罪、交通事故、火災、風水害、地震などへの対策がなされている環境のことを指します。保健性は、居住者の身体的および精神的な健康が守られている状態のことで、公害や伝染病を防ぐ対策や、日照・通風・採光を確保する取り組みがなされていることを意味します。利便性は、日常生活におけるさまざまな施設（医療、公共、レジャー、商業など）や交通機関、社会サービスなどの利用やアクセスが確保されている状態を指し、快適性は、まち並みや景観、自然などの面で美しさが保たれ、レクリエーションの機会が豊富にあり、豊かな文化性が確保されている状態を指します。

　私たちが住むまちを設計・デザインすること、すなわち都市計画とよばれる取り組みは、これらの条件を確保し、よい住環境を作り出すことを目的としています。そのため、都市計画では、住宅地に商店や工場など居住以外の用途が入ることを規制する取り決め（用途地域）や、日照や景観に影響を与えるビルが建たないよう建物の高さなどに制限を定める法律（建築基準法）を設けることにより、物的な住環境整備をおこなっています。さて、都市の居住という文脈で私たちのエクスペリエンスを考えるうえで重要なのは、上記のような物的計画によって整備されたまちの中で生活する居住者の思いや考え（住環境の心理的評価）です。どのような住環境整備を進めれば「よい」居住環境となり、居住者の満足度は高まるのでしょうか。住む人にとってよい居住環境とはどのようなものでしょうか。言い換えれば、居住満足度とはどういった概念で、心理的にどのように評価され、物的な住環境とどのような関係があるのでしょうか。

　先ほど住環境を安全性、保健性、利便性、快適性の4つの要素に分けて考えましたが、これらの要素は住む人によってどのように評価され、心理的な居住満足度につながるのでしょうか？　居住者のなかには、緑が多く静かで落ち着いた居住環境を求める人もいるでしょうし、活気やにぎわいのあるまち並みが

好きな人もいるでしょう。またスーパーやコンビニなど日常の買い物の利便性を重視する人もいるでしょうし、毎日の通勤や通学を考えて最寄り駅までの距離が近いことを求める人もいるでしょう。あるいは子どものための教育環境を重視する人もいるでしょう。このように、一口に「よい居住環境」といっても、評価する人によって「よい」の判断基準が異なります。すると、施設配置など物的な計画の面では同じような住環境であっても、住む人が何を求めるかによって心理的な評価すなわち居住満足度は変わってくると考えられます。よって、都市の居住を考えるという本章の議論においても、都市の中で生活し行動する居住者の思いや考え（場所のエクスペリエンス）を考慮することが重要となり、居住者の視点からのまちづくり（後ほど出てくる言葉を使うと、人間中心まちづくり）が求められます。

　このような視点のもと、さまざまな住環境に住む人たちの居住満足度を調査した研究があります。石川・浅見（2012）は、首都圏の居住者9,423人を対象に、住まいと居住に関する属性（広さ、間取り、持ち家／賃貸、戸建て／集合住宅、居住年数など）、居住地を選択する際に重視する条件、現在の居住地の住みやすさについての評価を尋ねる質問紙調査をおこないました。回答結果を因子分析とよばれる方法で分析し、居住者による住まいの心理的な環境評価の構造を調べたところ、居住満足度を5つの種類（居住環境、生活利便性、教育環境、安心安全、まちのイメージ）に分類できることがわかりました（図8.1）。居住環境に関する満足度は、景観や眺望のよさ、身近な自然の豊かさ、日当たり・通風、住宅・庭の広さについての満足度を示します。利便性に関する満足度は、通勤や通学のしやすさ、公共交通の利便性、生活施設（郵便局、銀行、医療・福祉施設など）の近さ、日常の買い物の便利さの心理的評価に関係し、教育環境に関する満足度は、子どもの教育環境、子育て支援施設、スポーツ・余暇施設についての心理的評価になります。また、安心安全に関する満足度は、治安、衛生、交通事故・災害からの安全、騒音・振動、近隣づきあいの程度についての満足度で、イメージに関する満足度は、まちのイメージや評判、にぎわい、活気についての満足度を示しています。

　上記の結果から、よく「住みやすいまち」や「住みたいまち」という言い方がされますが、居住満足度の概念を十分に理解するためには、居住環境、生活

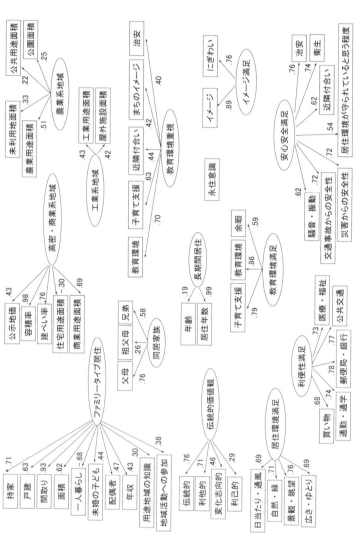

図 8.1 5 つの種類の居住満足度

この図は、共分散構造分析という手法を用いた分析結果を示し、楕円形は潜在変数、長方形は観測変数を表しています（図が複雑になるので潜在変数数間のパスなどは省略しています）。その下部に、居住満足、居住環境、教育利便性、生活利便性、安心安全、まちのイメージに関する 5 つの居住満足度の変数がみられます。その他の変数として、居住の属性（ファミリータイプ居住）、世帯属性、居住年数、個人の価値観、居住選択で重視する項目、永住意識、地域の特性（住居系、商業系、工業系など）があります。これらは居住者の視点からの居住環境評価を考える際に重要な変数となります。（出典：石川・浅見, 2012, p. 813, 図 1）

利便性、教育環境、安心安全、まちのイメージという5つの観点から居住者の心理的評価を考えることが必要なことがわかります。さらに、居住満足度に影響を与える変数としては、物理的な環境の指標（用途地域や建物密度など）よりも、各居住者が居住に対してもつ考え方のほうがより強い相関があることが示されており、居住者の視点から都市計画を考えるにあたっては、個人の価値観やライフスタイルという観点が重要になります。これらの点については、以下の8.3節と9.3節でよりくわしくみましょう。

8.2 場所への愛着とコミュニティー意識

　前節では居住満足度についてみましたが、住むことに関して満足しているという思いと似ている感情に、場所への親しみや心理的なつながりの意識があります。みなさんも、自分が生まれ育った土地には特別な感情をもち、人生の重要な時期を過ごした場所を第二のふるさとのように感じるのではないでしょうか。このような心理的な感情は「場所への愛着」とよばれ、場所のエクスペリエンスの重要な一側面として人文地理学や環境心理学において多くの研究がなされています。

　まず愛着という概念の定義ですが、一般に、個人が自分にとって重要な意味をもつ場所に対して感じる心理的な一体感やつながりの感情を意味します。みなさんが愛着を感じるのはどのような場所でしょうか？　出身地や生まれ故郷、個人的な記憶を思い起こさせる場所、自分にとって重要な経験をした場所などが思い浮かぶのではないでしょうか。いずれも各個人の固有の経験と結びついた場所であり、時空間的な経験にもとづく体験価値が形成された場所ということになるでしょう（Wolf et al., 2014）。

　だれもが自分にとって大切な場所をもっていると思いますが、ここで「大切な」という言葉は重要な意味をもち、愛着を感じる場所をもつことは、単に思い出深いというだけでなく、自己意識の確立にもつながると考えられています。小説が好きな読者のなかには、プルーストによる『失われた時を求めて』の主人公である「わたし」が、紅茶に浸した一片のマドレーヌを味わうことで、不意に、幼少期を過ごしたコンブレーの部屋や町の情景を力強い喜びとともに鮮やかに思い出し、自分自身を取り戻すかのような感覚にとらわれた経験につ

いて思い起こす方もいるでしょう。すなわち、ここで重要なのは、場所における経験がその場所に意味と価値を付与するという考え方です（Tuan, 1977）。このような見方は、単なる空間と意味ある場所を区別し、一般的な空間（スペース）が個人の経験を通した意味が付け加わることで固有の場所（プレイス）になるという観点からの場所のエクスペリエンス的な議論につながります。とくに都市計画においては、その応用をプレイスメイキングという言葉で議論することがあり、物的な環境の整備のみならず、心理的な場として、居心地のよい場所や固有のにぎわいと価値を感じさせるまちを作る取り組みがなされています（井上・小泉, 2022）。このことは、前節でみた居住満足度の5つの因子のうち、まちのイメージに関する満足度と密接に関係してくるでしょう。

　愛着の感情は、個人だけでなくグループにとっても考えることができ、文化、歴史、宗教などの面で人々に共有される場所が象徴的な意味をもち、グループにとっての愛着の感情を形成することもよくあります（教会、寺院、墓地などが例としてあげられます）。また、愛着は特定の場所への心理的なつながりを意味することから、場所への帰属感や一般的な幸福感との関連も指摘されています。そして、このような場所への心理的なつながりは、それが失われたときの悲しみの感情としても表れます。引越しによる転居や、自然災害などやむを得ない事情による居住地の移転によって起こる悲しみがその例です。近隣の再開発により、慣れ親しんだまち並みや社交の場がなくなったときに感じる喪失の念も、愛着の感情の裏返しといえます。このような喪失感は、悲しみという感情のレベルだけではなく、元の場所に帰ろうとする、あるいは元のまち並みを再建しようとするという行動にも表れることがあります。さらに愛着は過去の経験と記憶にもとづくことから、場所についての知識や親しみの感情との関連も議論されています。「よく知る場所ほど親しみがわく」、「場所との心理的な一体化」、「場所にもとづく自己認識」などの表現は、その場所が自分を表しているという思い（自己同一性、帰属意識）につながる愛着の念を示し、その対象は、地域を特徴づける建築物、歴史的な記念碑、文化的な共同体、土地固有の気候、ランドスケープなど多岐にわたります（Scannell and Gifford, 2010）。

　愛着をグループのレベルで考える場合、特定の地域や文化的な集まりなど共通

のテーマで結びついた集団、すなわちコミュニティーが意識されることになります。よって愛着の概念は社会的なつながりという観点からも議論することができます。私たちは、近隣地域、集会所、カフェなど社会的なつながりを生みだす場所、あるいは共通のライフスタイル・趣味・興味を契機として均質なグループで集まることにより、さまざまなコミュニティーを作り出します。メンバーどうしが共通項をもつ集団としてのコミュニティーは愛着の念と親和性が高く、地域への帰属感や近隣住民・仲間に対する親しみの感情と愛着の感情には関係があることが知られています。すなわち、個人相互のつながりから近隣の社会的な一体感が生まれ、コミュニティー意識につながる愛着の感情が安心感や心地よさをもたらすといえます（Mihaylov and Perkins, 2014; Nasar and Julian, 1995）。

　さて、地域のつながりとコミュニティー意識について考えることは、私たちにとってのよい社会、住み心地のよいまちを考えることにつながります。何をもってよい社会とするかは議論の余地がありますが、人々が互いに協調し、他を思いやりながら、多様な関係を築くことができる社会はそのひとつの例でしょう。そのような社会で重要な役割を果たすのが、人々の信頼感や人間関係の豊かさであり、このことをソーシャルキャピタルという言葉で議論するのを聞いたことがある人もいるでしょう。日本語では社会関係資本と訳されることが多いこの言葉は、社会の信頼、規範、ネットワークを意味し、地域がもつソフトな資源として地域振興やコミュニティー機能との関連で注目されています（内閣府, 2005；滋賀大学・内閣府, 2016）。実際、さまざまな調査から、人への信頼感、つきあいの程度、社会活動への参加度が高い人ほど生活上の安心感（家族、老後、子育て、就職など）が高い傾向があること、またソーシャルキャピタルが豊かな地域ほど犯罪率や完全失業率が低く、合計特殊出生率が高い傾向があることがわかっています（内閣府, 2003, 2005）。

　先ほど、地域の人々がもつ信頼感や人間関係の豊かさを「ソフトな地域資源」とよびましたが、地域コミュニティーを居住者のつながりという心理的側面から考える取り組みは、まさに場所のエクスペリエンスに焦点をあてた居住者中心の見方といえます（Putnam, 2000）。最近では「人間中心まちづくり」という言葉が使われますが、ソーシャルキャピタルという地域の財産を活用したコミュニティー再建や地域活性化の試みは、物的な計画とあわせて居住者の

心理が重要だというユーザーエクスペリエンス的視点からのまちづくりの有効性の観点からも注目に値します。また、そのような人間中心の見方を現実化していくためにも居住者の視点は今後よりいっそう重要となり、生活の質や主観的幸福感の解明や、価値観やライフスタイルの多様化に対応した都市計画、さらにはまちの個性を活かした都市計画など、発展的な議論につながります。これらについては以下の第9章で深く考えることにしましょう。

8.3 個人の価値観とライフスタイル

　多様化の時代といわれる現代では、生き方や人生の目標、働き方、社会的な役割、趣味・嗜好などの面で、他との相違や自分らしさを尊重する社会が求められています（ダイバーシティー、インクルージョンという言葉が使われます）。多様性の議論の対象にはさまざまなものがありますが、私たち一人ひとりのものの見方や考え方を特徴づける要因のひとつとして個人の価値観があります。価値観というのは「あの人とは価値観が合わない」、「価値観が同じ人と会話がはずむ」などのように日常的に使われる言葉ですし、環境問題や都市の持続可能性についても個人や社会の価値観との関連で議論されることが多くあります。また、第4章でみたように、私たちの行動を貨幣的な価値の観点から分析するヘドニック分析、仮想市場評価法、コンジョイント分析の手法は、私たちが認識し、心理的に評価する価値への興味がその根底にあります。このように、個人や集団の行動および意思決定に有意な影響を与える要素が価値観であり、私たちの心理と行動を結びつける概念として、選好、信念、態度といった他の関連用語とともに重要な意味をもっています。

　では価値観という概念について、学問的にはどのようなことがわかっているのでしょうか。社会科学の分野での代表的な見方では、価値観は大きく2つの軸によって構成されると考えられています（図8.2の円外周部）。1つ目の軸は、その一方に自己を高める意識、もう一方に他者や社会を思いやる意識が位置し、前者は自分の能力や自尊心を向上させる考え方（自己高揚、利己性）、後者は自己を超越して他者の利益を尊重する考え方（自己超越、利他性）をそれぞれ意味し、対照的な考え方として対比されます。もう1つの軸は、一方に独立性、自己による意思決定、新たな挑戦に対する受容性が位置し、もう一方

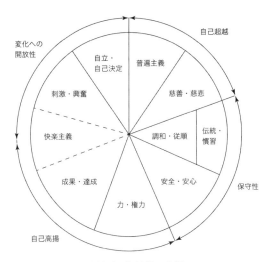

図 8.2 価値観の分類

シュワルツは、価値観を構成する 2 つの軸として、自己高揚と自己超越を対比させる軸と変化開放性と保守性を対比させる軸を考え、価値観のタイプを (1) 力・権力、(2) 成果・達成、(3) 快楽主義、(4) 刺激・興奮、(5) 自立・自己決定、(6) 普遍主義、(7) 慈善・慈悲、(8) 伝統・慣習、(9) 調和・従順、(10) 安全・安心の 10 個に分類しました。(Adapted with permission of John Wiley & Sons, Inc., from Schwartz, 1994, p. 24, Fig. 1)

にはそれとは対照的に、慎重さ、控えめ、安定性、他との協調が位置し、変化への開放性（前者）と保守性（後者）が対比されています。この 2 つの軸により、価値観を大きく 4 つの種類（自己高揚、自己超越、変化開放性、保守性）に分類することができます。

この考え方のもとになったシュワルツによる価値観の調査票（Schwartz, 1994）では、56 個の質問を回答者に示し、各項目が自分の人生にとって重要だと思う程度を 9 段階で評価してもらうように設計されています（代表的な質問項目を表 8.1 に示します）。シュワルツは、これらの質問への回答の分析から、価値観を 10 個のタイプに分類しました。これらは、それぞれ (1) 力・権力、(2) 成果・達成、(3) 快楽主義、(4) 刺激・興奮、(5) 自立・自己決定、(6) 普遍主義、(7) 慈善・慈悲、(8) 伝統・慣習、(9) 調和・従順、(10) 安全・安心と名づけられ、上で述べた 2 つの軸で構成される 4 種類の価値観に対応して、図 8.2（円内側）のように配置されます。この図においては、相反する価値観のタイプは円の中心をはさんで互いに反対側に位置し（たとえ

表8.1　シュワルツの価値観に関する質問項目（各項目の重要度を9段階で評価）

(1) 力・権力：他の人を支配する社会的な権力、富や物質的な所有
(2) 成果・達成：目標を達成すること、人々や出来事に影響を与えること
(3) 快楽主義：欲望を満足させること、食べ物や余暇などを楽しむこと
(4) 刺激・興奮：挑戦や変化に満ちた人生、刺激的な経験をすること
(5) 自立・自己決定：自分自身の目標を設定すること、行動と思考の自由
(6) 普遍主義：自然環境を保護すること、異なる意見や考えに寛容なこと
(7) 慈善・慈悲：他人の幸せや健康のために働くこと、偽りなく誠実なこと
(8) 伝統・慣習：昔ながらの慣習を守ること、慎ましく控えめなこと
(9) 調和・従順：親や年長者を敬うこと、礼儀正しさ
(10) 安全・安心：国や愛する人の安全、社会が安定していること

ば成果と慈善）、類似の価値観のタイプは円に沿って近くに位置します（たとえば力と成果）。これら10個の価値観の分類は離散的というよりも連続的にとらえられ、隣り合う価値観のタイプは部分的に重なり合い、共通の部分があるとされます。

　上記のような価値観の構造と分類は、44か国、97サンプルの回答者を対象とした調査で一般性が検証されており、とくに、2つの軸によって大きく4つの種類の価値観に分類できる点はその普遍性が確認されています。また、これらの質問項目によって測定される価値観は、私たちの生活におけるさまざまな行動と関係があることがわかっています（Schwartz, 2016; Stern et al., 1999）。たとえば、環境に配慮した行動は、普遍主義、慈善・慈悲と正の相関があり、力・権力と負の相関があります。同様の関係は、慈善団体への参加や向社会的行動に関してもみられます。また政治活動は、普遍主義、自立・自己決定、刺激・興奮と正の相関があり、調和・従順、伝統・慣習、安全・安心と負の相関があります。礼拝への参加は、伝統・慣習、調和・従順と正の相関があり、自立・自己決定、刺激・興奮、快楽主義と負の相関があります。反対に、運動・スポーツへの参加は、刺激・興奮、快楽主義と正の相関があり、安全・安心、伝統・慣習、調和・従順と負の相関があります。さらに、薬物使用や犯罪行為は、刺激・興奮、快楽主義と正の相関があり、慈善・慈悲、調和・従順と負の相関がみられます。このように、価値観という概念で測られる個人の心理的傾向は私たちの行動や考え方に影響を与え、多様性を考える際の有効な指標となることがわかります。

もう1つ、価値観とともに多様性という観点から議論されることが多い概念にライフスタイルがあります（国土交通省国土交通政策研究所, 2010）。この言葉も日常的に使われることが多く、みなさんも「都市的なライフスタイル」とか「子育て世帯のライフスタイルに合わせたまちづくり」といった表現を見たり聞いたりすると思います。では、みなさんはライフスタイルという言葉で何を意味しますか？　たとえば、どのように人生を送るかについての考え方、食べ物や健康に関する習慣、生活用品の選択など消費に関わる行動など、いろいろな文脈や意味でライフスタイルという言葉を使うのではないでしょうか。前節でみた価値観も広い意味で使われるがゆえに一見漠然とした概念のように思えましたが、学問的な研究による分類がされていました。ライフスタイルについてはどのような定義や分類がされているのでしょうか。

　イェンセンは、ライフスタイルを4つのレベルに分け、それぞれのレベルでの意味の説明と定義を試みています（Jensen, 2007）。まず第1は世界的（グローバル）な文脈で用いられる際のライフスタイルで、このレベルでのライフスタイルの議論はおもに消費の概念（消費量、消費パターン）と対応しています。世界の人口を、教育、収入、職業などにもとづく指標である社会経済的地位に関連させて富裕層、中間層、低所得者層に分ける考え方がその代表例です。第2のレベルは国レベルでのライフスタイルの概念で、国家、社会、文化にもとづいた集団の特徴の異同を議論する際に用いられます。先ほどの世界的なレベルでのライフスタイルの議論はかなり漠然とした意味合いをもっていましたが、それとくらべると少し具体性が出た定義といえます。たとえば「アメリカ式のライフスタイル」のように、国や国民性との関連で考えられるライフスタイルの概念がこの第2のレベルに相当し、異なる国でみられる違いや、同じ国の人々の同一性を表現するために使います。

　第3のレベルは、国レベルより下位の文化レベルに焦点を合わせ、特定の社会や文化におけるグループ間の異同を表す概念としてのライフスタイルです。たとえば、社会的地位、年齢層、男女などによる違いを示し、「若者のライフスタイル」、「ファミリー世代のライフスタイル」などの表現で用いられます。社会・文化レベルでのライフスタイルは、住宅や居住地の選択に関するいわゆる居住ライフスタイルの観点から議論されることが多く、住宅の間取りや広さ

についての好み、都心居住と郊外居住の対比、近隣地域とコミュニティーに対する意識など居住環境の心理的評価に大きな影響を与える変数として、価値観とともに注目されています（Ge and Hokao, 2006; Rapoport, 2001; Walker and Li, 2007）。

　第4のレベルは個人レベルでのライフスタイルの議論であり、個性あるいは価値観と深い関係をもつ概念といえます。言い換えれば、その人がもつ他の人とは異なる個人のアイデンティティーを表現するものとしてのライフスタイルを指します。また、個人が習慣として繰り返しおこなう行為や、世界に対してもつ考え方や信念としてとらえられるライフスタイルともいえます。「複雑化する現代の社会ではライフスタイルも多様化している」あるいは「多様なライフスタイルを尊重した社会を築く必要がある」といった表現にみられるライフスタイルは、上述の文化グループレベルのライフスタイルが従来の枠組みではとらえられない多様性をみせる状況（セクシュアリティーの多様性、婚姻関係や家族の多様性、多文化共生など）を示すとともに、個人レベルでのライフスタイルを対象として、個人の考え方の多様性も考慮した社会が必要とされていることを示すと解釈できます。この点は、ユニバーサルデザイン、ノーマライゼーション、インクルーシブデザインの考え方にもとづいた社会整備という重要な問題につながり、以下の第10章でさらに議論しましょう。

8. 4　多様性を表す指標

　前節では価値観とライフスタイルを取り上げて考えましたが、少子高齢化が進む現在の都市においてとくに注目されているのが多様性の概念です。たとえば、高度成長期に大規模に建設が進められたニュータウンなどで顕著にみられるのは、居住者が同時期に高齢化を迎えるために地域の世帯属性が単一化し、まちの活気やコミュニティーが衰退しているという現象です。そのため、年齢や家族構成などが多様な居住者を地域に呼び込み、活気と持続性のあるまちを取り戻そうという取り組みが進められています（藤井, 2016; 大月, 2014）。最近みなさんがよく耳にするコンパクトシティという言葉も、歩いて生活できる範囲に必要な用途を計画的に立地させるという土地利用の多様化の視点から議論することができます。また、居住者の価値観やライフスタイルの多様化

に関しては、未婚化・晩婚化の進展や非正規雇用の増加により、これまでのような大多数の人が一定のコースを進むという光景は稀になりつつあり（金森・田崎, 2014; 齋藤・室崎, 2021）、住宅に関しても、借家住まいから将来的な郊外の一戸建ての購入に進むといういわゆる「住宅すごろく」的な嗜好性も過去のものになっているといわれます（中澤, 2010）。

　このように現在の都市と居住に関する諸問題を考えるにあたっては、多様化を目指した計画、あるいは多様性に配慮した計画が求められているといえます。ところで、そもそも多様化とはどのような状況を指すのでしょうか？　一般的に「多様」というと、さまざまな種類のものが存在している状態を思い浮かべるでしょう。たとえば森林を例に考えた場合、スギだけが植えられた林やヒノキだけが植えられた林に対して、シイ、カシ、クスノキ、ツバキなど多様な種類の木が生息している雑木林のほうが樹木の多様性は高いといえます。また居住地について考えれば、単一の属性の世帯が大多数を占める地域（単身世帯のみあるいは高齢夫婦のみなど）にくらべて、単身、夫婦、夫婦と子ども、夫婦と子どもと両親など異なるタイプの世帯が住む地域のほうが居住者属性が多様な地域といえるでしょう。

　では、多様性の程度を測る指標のようなものはあるのでしょうか？　たとえば、以下のA～Cのような林を考えてみましょう（表8.2）。いま、Aにはシイが500本植えられています。それに対して、Bにはシイが450本、カシが40本、クスノキが10本あります。この場合、確かにBのほうが樹木の種類が多いですが、その大部分はシイで占められており、そこまで多様という感じはしないのではないでしょうか。さらに、Bと同じくシイ、カシ、クスノキの混交林で、それぞれの本数が170本、170本、160本であるCを考えるとどうでしょうか。Cにおいては、Aとくらべて樹木の種類が多く、またBとくらべると3種類の樹木がほぼ均等にみられます。さて、BとCではどちらが多様

表 8.2　樹木の種類と本数が異なる 3 つの林

	シイ	カシ	クスノキ
A	500 本	0 本	0 本
B	450 本	40 本	10 本
C	170 本	170 本	160 本

性の程度が高いといえるでしょうか？

多様性の議論においては、情報理論における情報量の概念を応用した以下のようなエントロピー（平均情報量）の指標がよく用いられます。

$$H = -\sum_{i=1}^{n} p_i \log_2 p_i \quad (10)$$

ここで p_i は各事象の起こる確率を示し、たとえば上記の例では、全体の樹木数に対する各種類の樹木の割合と考えることができます（$p_i = 0$ のときは $p_i \log_2 p_i = 0$ とします）。では、式（10）を用いて先ほどの A から C それぞれに対するエントロピーの値を計算してみましょう。

A については、

$$H_A = -(500/500) \cdot \log_2(500/500) = 0$$

B については、

$$H_B = -[(450/500) \cdot \log_2(450/500) + (40/500) \cdot \log_2(40/500)$$
$$+ (10/500) \cdot \log_2(10/500)] = 0.54$$

C については、

$$H_C = -[(170/500) \cdot \log_2(170/500) + (170/500) \cdot \log_2(170/500)$$
$$+ (160/500) \cdot \log_2(160/500)] = 1.58$$

となります。先ほど予想したとおり、C についてのエントロピーの値が最も大きくなり、C が最も多様性の大きな雑木林であることを示すことができました。

多様性の指標には他にもさまざまなものがあり、シンプソンの多様度指数

$$D = 1 - \sum_{i=1}^{n} p_i^2 \quad (11)$$

などがあげられます。表8.2 の例にこの指標を適用してみると、A については、

$$D_A = 1 - [(500/500)^2 + (0/500)^2 + (0/500)^2] = 0$$

B については、

$$D_B = 1 - [(450/500)^2 + (40/500)^2 + (10/500)^2] = 0.18$$

C については、

$$D_C = 1 - [(170/500)^2 + (170/500)^2 + (160/500)^2] = 0.66$$

となり、先ほどと同じく C が多様性が大きいという結果が得られます。

第 8 章　都市の居住環境と居住者の心理　121

　多様性の指標は、都市の土地利用分析において用途混在度を示す変数として用いられることが多く（巖・鈴木, 2017; 石川・浅見, 2016, 2017; 忽那・小浦, 2014）、たとえば住宅の属性（所有形態、建て方）や居住者の属性（年齢、職業、世帯人数）を含めた地域の多様性が居住環境の心理的評価（生活利便性の満足度と居住継続の意向）を高めうるという調査結果が報告されています（国土交通省国土交通政策研究所, 2010）。本節でみた指標は、近年、多方面で議論される多様性の概念について、その大小の程度、すなわち「多様性が高い」あるいは「多様性に欠ける」といった表現が意味するところを数値的に把握することを可能にします。多様性の内容の議論および結果の適切な解釈をあわせておこなうことで、居住者の視点からのまちづくりに有効に活用できると考えられます。

［さらに深く考えるためのディスカッション課題］

(1) 本章ではユーザーエクスペリエンスの考え方を居住という観点から都市空間に展開させました。ここでみた「都市空間のユーザーとしての居住者」という見方についてみなさんが考えたことをまとめてください。

(2) 居住環境という言葉を聞いてみなさんはどのようなことを考えますか？　みなさんが住む場所を決める際に、あるいは現在住んでいるまちを評価する際に、どのようなことを重視しますか？　本文では、居住者による心理的評価を 5 種類の居住満足度（居住環境、生活利便性、教育環境、安心安全、まちのイメージ）に分けて考えましたが、これはみなさんの居住環境評価にどの程度あてはまりますか？

(3) 図 8.1 は、居住者の心理的評価を、居住に関する属性、物的な環境の特性、個人がもつ価値観との関係で分析できることを示しています。この図をもとに、みなさんが考える居住環境とその評価について議論してください。

(4) みなさんが場所に対して感じる愛着の感情について、具体的な場所とその理由とともにくわしく聞かせてください。

(5) 地域がもつソフトな資源としてのソーシャルキャピタル（コミュニティー、つながり、信頼感）の価値についてみなさんはどのように考えますか？

(6) 本章で紹介した 10 種類の価値観についてみなさんはどう思いますか？　表 8.1 に示した質問に回答し（各項目がみなさんにとってどの程度重要かを 9 段階で評価し）、自分の価値観の傾向をみてみましょう。どのタイプの価値観の得点が高くなっていますか？　これまでの経験と照らし合わせて、その結果に納得できますか？

(7) 価値観が私たちの行動に与える影響について、本文で紹介した相関関係の例を参考に、他にどのようなものがあるか考えてみましょう。

(8) ライフスタイルという言葉で表される概念を指標化あるいは数値化することはできるでしょうか？　価値観とライフスタイルにはどのような共通点や相違点があるでしょうか？　また価値観やライフスタイルは私たちの行動や考え方にどのような影響を与えるでしょうか？

(9) みなさんのまわりのさまざまな現象の多様性の程度を本文で紹介した指標を用いて計算してみましょう。また、多様性の指標には他にどのようなものがあるか調べ、それらの特徴や利用場面をまとめてください。

第9章 縮小社会における都市計画と 居住者のエクスペリエンス

【第9章の目標】私たちの生活はさまざまなモノ、サービス、情報にあふれており、それらのよいデザインのためにはユーザーの視点が欠かせません。利用者の「いい経験」を作り出すというのがユーザーエクスペリエンスデザインの目標ですが、その基本となるのがユーザーの思いを重視した人間中心デザインの考え方です。最近では、私たちの居住空間にもこのようなユーザー中心の見方が応用されており、「人間中心まちづくり」という言葉がとくに注目を集めています。見方を変えれば、私たちの住むまちも設計者によってデザインされているのです。では、まちを利用しまちで生活する人がいい経験をし、優れた体験価値を得ることができるようなデザイン（まちづくり）とはどのようなものでしょうか？　ここまでの議論から明らかなように、ユーザー（居住者）の視点がその基礎に求められることは言うまでもありません。この章では、都市を計画するとはどういうことなのかを概観し、最近の社会状況に応じた新しい都市計画を考える際に居住者の視点をどのように応用できるかを一緒に考えましょう。

9.1 私たちが住むまちのデザイン：都市計画とは？

　みなさんはデザインという言葉を聞くと、製品やパッケージなどのプロダクトデザインをはじめ、情報デザイン、ウェブデザイン、インテリアデザインなどを思い浮かべるのではないでしょうか。それぞれ、設計者が固有の目標を達成するためにモノや情報のデザインをおこない、できあがったものをユーザーに届ける、そして受け手であるユーザーがそれらのモノや情報を利用し、さまざまな体験をするということになります。このようなユーザーエクスペリエンス的な視点に立つと、デザインの取り組みを設計者とユーザーの間の双方向のコミュニケーションとしてとらえることができ、設計者の意図がいかにユーザーに伝わるかという点が、両者のインタラクションから生じるユーザー体験の豊かさを決定するといえます。さて、私たちの生活の場である都市もデザインの対象となります。みなさんが住んでいるまちにも設計者がいて、設計者の意図のもとにまちが作られているのですが、まちのデザイナーとはだれのことを

指すのでしょうか？　まちをデザインする際の目的あるいはまちのデザイナーの意図とは何でしょうか？　まちのユーザーとはだれのことでしょう？　これらの点をユーザーエクスペリエンス的な視点から考えてみましょう。

　私たちが住むまちをデザインしようという社会的・工学的な取り組みは都市計画とよばれます。都市計画という概念（近代都市計画とよばれます）が生まれたのは 19 世紀ごろ、産業革命により都市への人口集中が急激に進んだ時期といわれています。その時期、なかでもイギリスでは、都市への人口の集中と機械化による工場の増加により大気汚染が問題となり、労働者家族は狭い住宅に多人数で住むなど住環境も劣悪でした。このような都市の居住環境の悪化を少しでも改善するために政府がとった対策は、居住に関する最低限の水準を保証するというものでした。住宅の広さ、採光、通風などに関してこれだけは最低でも満たすべきであるという基準を設定し、それらの基準を満たす住宅を供給することで、都市における労働者の居住環境を少しずつ改善することに努めたのです。現在の私たちにとってなじみのある体系化された都市計画の考え方は、このような歴史的背景のもとに起こりました。

　ここでつぎのことに注目しましょう。都市計画、すなわち都市をデザインすることの目的は何かと考えたとき、私たちが思いつくのは、都市をよくすること、よりよい方向に導くことではないでしょうか。もちろんそのとおりなのですが、上でみた近代都市計画の起こりは、悪化する都市の状況を受け、これ以上の悪化を防ぐために最低限の基準を提示する必要に迫られた部分が大きかったことがわかります。すなわち、よりよいまちを目指して「こうしましょう」と誘導するというよりは、都市の環境を悪化させないために「これはやってはいけません」という規制をかけてきたといえます。先ほども述べたように都市計画の目的はよいまちを作ることなのですが、このような（誘導に対する）規制という手法をとってきたことには十分な理由があったのです。

　日本の都市計画における規制の代表的な手法として、用途地域とよばれる制度があります。私たちの住んでいるまちは、行政により 13 の地域に区分され、土地の使い方や建物の建て方にルールが定められています（図 9.1）。それらの地域は、第一種低層住居専用地域、第二種低層住居専用地域、第一種中高層住居専用地域、第二種中高層住居専用地域、第一種住居地域、第二種住居地域、

第 9 章 縮小社会における都市計画と居住者のエクスペリエンス 125

第一種低層住居専用地域
低層住宅のための地域です。小規模なお店や事務所をかねた住宅や、小中学校などが建てられます。

第二種低層住居専用地域
主に低層住宅のための地域です。小中学校などのほか、150m² までの一定のお店などが建てられます。

第一種中高層住居専用地域
中高層住宅のための地域です。病院、大学、500m² までの一定のお店などが建てられます。

第二種中高層住居専用地域
主に中高層住宅のための地域です。病院、大学などのほか、1,500m² までの一定のお店や事務所など必要な利便施設が建てられます。

第一種住居地域
住居の環境を守るための地域です。3,000m² までの店舗、事務所、ホテルなどは建てられます。

第二種住居地域
主に住居の環境を守るための地域です。店舗、事務所、ホテル、カラオケボックスなどは建てられます。

準住居地域
道路の沿道において、自動車関連施設などの立地と、これと調和した住居の環境を保護するための地域です。

田園住居地域
農業と調和した低層住宅の環境を守るための地域です。住宅に加え、農産物の直売所などが建てられます。

近隣商業地域
まわりの住民が日用品の買物などをするための地域です。住宅や店舗のほかに小規模の工場も建てられます。

商業地域
銀行、映画館、飲食店、百貨店などが集まる地域です。住宅や小規模の工場も建てられます。

準工業地域
主に軽工業の工場やサービス施設等が立地する地域です。危険性、環境悪化が大きい工場のほかは、ほとんど建てられます。

工業地域
どんな工場でも建てられる地域です。住宅やお店は建てられますが、学校、病院、ホテルなどは建てられません。

工業専用地域
工場のための地域です。どんな工場でも建てられますが、住宅、お店、学校、病院、ホテルなどは建てられません。

図 9.1 まちのデザインと用途地域

私たちのまちは、居住環境を守ることを目的として行政により土地の使い方や建物の建て方にルールが定められ、13 の地域に区分されています。それぞれの用途地域の特徴を確認してください。みなさんの自宅周辺はどの用途地域に該当するでしょうか。（国土交通省ウェブサイトより，https://www.mlit.go.jp/common/000234474.pdf）

準住居地域、田園住居地域、近隣商業地域、商業地域、準工業地域、工業地域、工業専用地域とよばれます。名前から想像できるように、大きく住居系、商業系、工業系の地域に分けられ、該当する用途での土地利用を優先しながら、建てることのできる建物の種類などに制限が設けられています。たとえば、第一種低層住居専用地域は低層住宅のための良好な環境を守る地域とされ、戸建て住宅や低層の集合住宅が中心の閑静な住宅地としての環境が守られています。住宅以外には小中学校や小規模な店舗、事務所を兼ねた住宅、診療所がみられる程度で、一般的にコンビニエンスストアは立地することができません。住居系地域では、第二種低層住居専用地域以下、順に住宅以外の用途に対する制限が緩やかになり、住環境を守りながら立地可能な建物の種類は増えます。一方、商業活動が優先される商業系地域では店舗や事務所の立地が進み、工業系地域では工場やサービス施設が立地し、業務のための利便性が図られます。

　では、都市計画において用途地域を定めることの根底にある考え方は何でしょうか。みなさんの日常生活を考えてみましょう。毎日の食料品の買い物、通勤・通学、病院への通院、市役所での行政手続きなどを考えると、スーパーマーケットや病院など各施設が近隣にあると行きやすくて便利だと感じるでしょう。その一方で、自宅の周辺に大規模な商業施設や事務所、病院や工場などが立地している場合、人通りや騒音・振動などが気になることもあるでしょう。すると、居住のための地域では、住宅以外の用途は立地しないようにすることで、静かで落ち着いた住環境を守ることができるといえます。反対に、商業活動や工業活動にとっても、交通量や事業形態などの制限を受ける住宅地周辺に立地するよりも、商業および工業という同種の用途が集まる地域に立地するほうが効率的な活動が保証されます。すなわち、用途地域区分の根底にある考え方は、住宅地の環境を守るため異用途の混在は避け、用途の純化を図りましょうという、混在の抑制への志向性ということができます。

　さらにこの考え方の背景には、都市開発に関してそれまで一般的であった社会状況の認識がありました。つまり、一般に都市においては開発への欲求があり、何らかの規制を設けてコントロールしない限り無秩序な開発が進み、私たちの居住環境を悪化させるという認識です。実際、1960年代からの高度経済成長期には、郊外の開発による無秩序・無計画な市街化（スプロール現象）や

敷地面積が 100m^2 に満たない狭小な戸建て住宅の乱立（ミニ開発）による居住環境の悪化が社会問題になり、適切な規制がないことによる無責任な開発によって都市の環境が乱される事例が多く発生しました。すなわち、都市においては開発や市街地の拡大がいわば前提とされるような状況にあったのです。当然、そのような社会では行政による開発のコントロールが求められ、居住環境を悪化させないための規制という概念は、都市計画の主要な考え方となってきました。

　ところが、最近では私たちの社会の状況は大きく変わりました。日本は先進国のなかでも例を見ない速さで少子高齢化が進んでおり、2020 年の時点で高齢者（65 歳以上）が総人口に占める割合は 28.6% に達し、超高齢社会となっています（国立社会保障・人口問題研究所 , 2023）。このように人口が急速に減少する社会では都市の規模も小さくならざるを得ず、開発・拡大を前提とする都市から転じて、縮小を見据えた都市への転換が求められています。みなさんも、住宅地における空き家の増加、地域コミュニティーの衰退、日用品の買い物に関する困難の深刻化（買い物弱者）など、縮小社会を象徴する問題を見聞きすることが多いと思います。このことは都市計画にとって大きな意味をもちます。つまり、これらの問題は従来の都市計画の枠組み——放っておけば無秩序な開発が進むため最低限の基準を決め開発を規制すべきだという考え方——では対処できず、私たちはこれまでの都市計画の理念を改める時期を迎えているといえます。ではそのような新たな都市計画にはどのようなことが求められているのでしょうか。

9.2. 都市のコンパクト化と新たな都市計画

　従来の「拡大を続ける都市」という考え方から、新たな「人口減少と高齢化が進む縮小都市」という考え方に移行するにあたって都市計画で提唱されているのが、都市のコンパクト化という概念です。みなさんもコンパクトシティという言葉を最近よく聞くのではないかと思いますが、名称から想像できるように、構造と機能の面で一定程度のスケールにコンパクトにまとまった都市を建設しようという取り組みのことを指します。代表的な例としては青森市や富山市があげられますが、そもそもコンパクトシティとはどのような特徴をもつ都

市として想定されているのでしょうか。海道（2007）によれば、コンパクトシティは市街地を無秩序に拡散させないよう密度を高めた設計となっており、多様な用途が歩いて行ける範囲に存在するような構造になっています。このことにより、生活の質と利便性の向上、都市管理と公的サービスの効率化、自動車依存の生活から徒歩や公共交通による生活への転換、環境保護と持続可能性の向上、多様な居住者と用途が共存するコミュニティー形成など、多くの利点が期待されます（国土交通省, 2014）。

　また、コンパクトシティの目標は、単に規模が小さく用途や住居が集中した1つの都市を作るということではなく、適正なサイズとまとまりをもつ複数の都市が各地の拠点としてネットワークでつながる状態を整備することにあります。このことを政府は小さな拠点づくり（コンパクトシティ・プラス・ネットワーク）とよんでおり、地域の特性に応じた拠点を公共交通のネットワークでつなぎ、相互に補い合いながら暮らしを総合的に支えることを目指しています（国土交通省国土政策局, 2015）。このような、いわば多極ネットワーク型コンパクトシティの建設を具体的に進めるため、2014年に立地適正化計画とよばれる制度が創設され、市町村が多様な都市機能の誘致と一定程度の密度をもった居住区域の整備を同時に進めながら、時間をかけて居住を誘導することができるような仕組みが整えられています。

　では、このような都市のコンパクト化と居住誘導を実際に進めるにはどのようにすればいいでしょうか？　そもそも都市計画においてコンパクト化、拠点化、ネットワーク化が求められるようになった背景には、人口の減少にともなう社会問題が顕在化し、都市機能の高度化と集約化を進めながらサービスを効率的に維持することが必要になっているという状況があります。また都市の持続可能性向上と環境負荷の低減という観点からも、歩いて暮らせる集約型のまちづくりが推進されるようになりました。このような背景を、近代都市計画が起こった当時の産業革命の時代とくらべてみると、その違いの大きさに気づくでしょう。当時の大きな社会問題は都市部への人口集中と環境の悪化でした。都市計画に求められたのは、放っておくと無秩序に進みかねない都市の開発をコントロールし、居住のための最低水準を定めることで居住環境の悪化を食い止めることでした。すなわち都市計画の起源にあった基本的な考え方は、規制

でした。先ほど述べたように現在の状況はこれとは正反対であり、とくに、開発に対する縮小、規制に対する誘導という考え方の対比が鮮明ではないでしょうか。

　すると、当然ながら従来の都市計画の考え方では、縮小社会の都市計画には対応できない場面が出てきます。なかでも、用途地域を代表とする土地利用の規制という考え方は、都市のコンパクト化を目指した機能の集約と用途の混合を進めるにあたっては必ずしも有効ではありません。とくに住宅地における土地利用の純化を守る（住宅以外の用途は制限する）というこれまでの考え方は、居住地周辺にさまざまな用途が立地したコンパクトなまちをつくるという目標にはうまく合致しません。さらには、すでにある建物（既存ストックとよばれます）の有効活用や、多様な居住者を地域に呼び込むコミュニティー活性化の取り組みを進める際には、現在の用途を変更することが求められる場合もあります（尾崎, 2016）。すなわち、まちや居住者の状況に応じた柔軟な都市計画が求められています。

　従来の都市計画は、用途地域を例に考えるとわかりやすいですが、特定の地域に対して一括の規制を適用し（集団規定とよばれます）、その規制は事前確定的なものでした。もちろんこの考え方は、開発のコントロールを目的とした規制手法として有効に機能してきましたが、上述のような柔軟性が求められる計画に対しては、一括型で事前確定型の規制では対応がむずかしいのが実情です（たとえばマンションの空き部屋や団地内の住戸を介護施設に転用する場合は、建築基準法にもとづく審査を受ける必要があります）。では誘導を目的とした柔軟な都市計画を実現するためには、どのような手法が有効でしょうか？言い換えれば、地域の特性やまちの個性に応じた弾力的な都市計画のために、どのような発想の転換が必要とされているのでしょうか？

　そこで、新たな都市計画の手法として提唱されているのが性能規定という考え方です。この考え方の特徴は、建築物が環境に影響を与えると判断される項目（用途や形態など）を「性能」ととらえ、個々の建物の性能の評価にもとづいて、良好な環境を守るために必要な基準を定めようとする点にあります。たとえば、現在の用途地域の制度においては、コンビニなどの店舗や事務所・工場は一般に住宅地への立地が認められていません（前節でみた第一種低層住居

専用地域がそうです）。性能規定の考え方のもとでは、店舗や工場であっても、営業の形態や騒音対策などの面で適切な対応をとることにより、地域の居住環境に負の影響を与えないという条件を満たすと評価された場合には、立地が許可される可能性があります。性能規定がもたらすこのような柔軟性は、縮小社会が求める都市機能の高度化と集約化を進めるにあたってとても有効と考えられます。また最近大きな問題となっており、今後もさらに増えると予想される空き家の有効利用を考える場合には、新たに高齢者向けのサービス施設としての利用を想定した用途変更（住宅以外の用途での利用）も必要になります。現在でも地区計画や建築協定とよばれる詳細レベルの計画を活用する方法がありますが、より汎用的な取り組みとしての性能規定の考え方は、都市の現状や課題への柔軟な対応を可能にするものとして積極的に議論されています（明石, 2016; 浅見, 2016）。

　ただ、個々の建物の性能評価にもとづいた弾力的な手法を実用化するためには、考えなければならない課題も存在します。たとえば、性能として考慮すべき項目や基準を明確にすること、性能を満たすかどうかを客観的かつ簡易に検証できる方法を確立すること、性能認可後の建物を継続的に監視する体制を整備すること、現行の制度との整合性をどう図るかを議論することなどが重要な課題としてあげられます（浅見, 2016; 原野・瀬下, 2016; 釼持, 2016）。

　さて、性能規定の実用化に向けた議論として、もう1つの重要な論点を場所のエクスペリエンスという視点から考えてみましょう。居住者は一般に、住んでいる地域の居住環境を守りたいと考えると同時に、生活のための利便性の向上は図られてよいと考えます。先ほどの例でいえば、住宅地へのコンビニの立地は、日常の買い物という面では利便性を向上させますが、24時間営業による光害や騒音、不特定者の往来などの面では居住環境を悪化させる可能性があります。コンパクトな範囲にさまざまな用途が立地する都市では、住宅以外の用途による環境への影響を考え、とくに居住環境の保護と生活利便性の向上のバランスを考慮することが不可欠になります。利便施設が住宅地に立地することについて、居住者はどのように感じるのでしょうか。また一般に迷惑施設とみなされる用途については、その性能を規制することで住宅地への立地がどの程度心理的に許容されるのでしょうか。居住者による心理的な評価において

は、居住環境の保護と生活利便性の向上はどのようなトレードオフの関係にあるのでしょうか。このような疑問に対しては、まさに居住者の視点からの場所のエクスペリエンス的な議論が有効であり、本書のテーマを都市に展開させる絶好の機会といえます。次節では、主観的な性能という観点から、用途混在と性能規制に対する居住者の心理的な評価をみてみましょう。

9.3 居住者の視点からみた都市の性能評価

都市のコンパクト化を目指した機能集約と用途混合を進める際には、計画手法としての性能規定の考え方が有効な可能性を上記でみました。以下では、その有効性に関する考察として、共分散構造分析、仮想市場評価法、コンジョイント分析を用いた研究を取り上げ、これらの分析手法が用途混在と性能規制に対する居住者の心理的評価を解明する際にどのように利用できるかをみてみましょう。

9.3.1 環境と利便性の観点からの用途混在の評価：共分散構造分析

石川・浅見（2013）は、首都圏の居住者1,259人を対象に質問紙調査をおこない、都市のさまざまな用途が住宅地に混在することに対する意識を調べました。回答者には、通勤や買い物などのための現在の移動距離についての満足度と、コンビニなどの施設が住宅地に立地することに対する心理的な許容度について尋ね、回答結果を図9.2に示すようなモデルにもとづいて分析しました（共

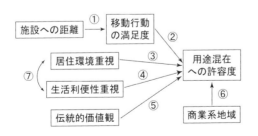

図9.2　用途混在についての心理的評価
都市のさまざまな用途が住宅地に混在することに対する居住者の意識に関して、通勤や買い物などのための移動の満足度と、コンビニなどの施設が住宅地に立地することに対する心理的な許容度の関係を、図に示すようなモデルにもとづいて分析しました。（出典：石川・浅見, 2013, p. 913, 図1）

分散構造分析とよばれます）。このモデルの解釈としては、パス①の係数がマイナスの場合、施設までの距離が長いほど、その施設を訪れるための移動行動の満足度が低いことを示します。パス②から⑥については、パスの係数がプラスの場合には、それぞれ、移動の満足度が高い（②）、居住環境を重視する程度が高い（③）、生活利便性を重視する程度が高い（④）、伝統的価値観が高い（⑤）、商業系地域に住んでいる（⑥）居住者ほどその施設が住宅地に立地することへの心理的な許容度が高い傾向があることを示します。パス⑦は、居住環境および利便性を重視する程度の相関を示しています（本調査で得られた相関の値は –0.45 でした）。

　この分析で対象としたのは、以下のような移動の目的と利用施設の組み合わせです：（1）通勤を目的とした移動を考える際の鉄道駅とバス停、（2）通院を目的とした移動での病院、鉄道駅、バス停、（3）日用品の買い物を目的とした移動での商店街、大規模ショッピングセンター、コンビニ、（4）散歩を目的とした移動での公園。これらについての分析結果をまとめたのが表 9.1 です。まずパス①をみると、係数がマイナスであることから、各施設までの距離が長くなると、その移動行動に対する満足度が低くなっていることがわかります。しかし、パス②をみると、移動満足度と当該施設の混在許容度の間には強い関係（値の大きなパス係数）がみられません。すなわち、施設までの距離が

表 9.1　移動行動と混在許容度に関するパス解析の結果

移動の目的	対象の施設	①	②	③	④	⑤	⑥
通勤	鉄道駅	–0.39	ns	ns	ns	0.16	0.12
	バス停	–0.39	ns	–0.08	ns	0.21	ns
通院	病院	–0.29	0.12	ns	ns	0.20	ns
	鉄道駅	–0.29	0.10	ns	ns	0.14	0.11
	バス停	–0.29	0.09	–0.08	ns	0.20	ns
買い物	商店街	–0.18	ns	ns	ns	0.19	0.10
	大規模 SC	–0.18	ns	ns	0.11	ns	ns
	コンビニ	–0.18	0.12	ns	0.10	ns	0.09
散歩	公園	–0.11	ns	–0.09	ns	0.22	ns

【注】数値は図 9.2 のパス①から⑥の係数の値を示します。5% 水準で非有意なパス係数は「ns」と表示しています。
（出典：石川・浅見 , 2013, p. 913, 表 6）

長いと、移動行動に関しては不満に思うものの、その施設が住まい周辺にあってほしいと思うわけではないことがわかります。言い換えれば、移動に関する利便性に不満を感じる居住者が、当該用途が混在という形で近隣に存在することを望むわけではありません。実際、混在に対する心理的な許容度については、移動満足度の影響（パス②）とくらべて、個人の価値観が与える影響（パス⑤）のほうが大きくなっています。このことは、居住者の属性や多様なライフスタイルに対応した柔軟な都市計画を考える際に、価値観の考慮が重要な意味をもつことを示唆しています。

9.3.2 性能規制に対する居住者の価値評価：仮想市場評価法

　石川・浅見（2016）は、全国の居住者 14,826 人を対象に質問紙調査をおこない、用途の混在による居住環境の悪化を性能規制で保護することへの心理的評価を調べました。調査には仮想市場評価法（CVM）を用い、表 9.2 に示す各用途が居住環境に与える負の影響（各用途の立地を望まない理由、すなわち嫌悪要因）として居住者があげた上位 2 つを考え、それぞれの用途について嫌悪要因を解消する取り組みへの支払意思額を表 9.3 に示す形式で尋ねました。ここでは用途を「公園」、嫌悪要因を「騒音」とした場合を示しています（仮想市場評価法の詳細については第 4 章を参照してください）。

　各用途の性能規制に対する CVM 回答額を、その用途が現状で回答者の居住地周辺に混在しているか否か、またその用途が居住環境に与える影響が気になるかどうかにより比較したところ、①現在その用途が混在しており環境への影

表 9.2　調査対象とした用途とその嫌悪要因

用途	嫌悪要因 1	嫌悪要因 2
公園	騒音	不特定者の往来
24 時間営業コンビニ	治安の悪化	騒音
駐車場	騒音	不特定者の往来
短期滞在型マンション	不特定者の往来	治安の悪化
遊戯施設	騒音	不特定者の往来
物流倉庫	景観の悪化	騒音
ごみ処理施設	臭いや健康への影響	出入りする車両の通行
墓地	景観の悪化	臭い

（出典：石川・浅見, 2016, p. 107, 表 1）

表 9.3 用途混在と性能規制に関する CVM 質問項目

---

(1) 現在の居住地周辺に公園がありますか。

　(a) ある、 (b) ない、 (c) わからない

【 (1) で「(a) ある」と答えた場合】

(2) 現在、公園からの騒音が気になりますか。

　(a) 気になる、 (b) 気にならない

【 (2) で「(a) 気になる」と答えた場合】

(3) あなたがお住まいの自治体が、公園からの騒音を抑えるための対策をとることになったと想定してください。この計画を実施するための費用を、あなたが納める税金からまかなうとした場合、1 か月あたりいくらなら税支出が増えてもいいと思いますか。なお、この税のための支出が増加した場合、あなたが他の商品やサービスを購入するために使える支出が減ることを念頭に置いてお答えください。また、このような計画はあくまで想定のものです。

　〈選択肢：0 円、500 円、1,000 円、1,500 円、2,000 円、3,000 円、5,000 円、7,000 円、10,000 円、15,000 円、20,000 円、30,000 円、50,000 円、100,000 円、それ以上〉

【 (2) で「(b) 気にならない」と答えた場合】

(3) あなたがお住まいの自治体には、公園からの騒音についての相談が寄せられており、自治体がその対策をとることになったとします。この計画を実施するための費用を、あなたが納める税金からまかなうとした場合、1 か月あたりいくらなら税支出が増えてもいいと思いますか。（金額の選択肢は上記の質問の場合と同じ。以下同様。）

【 (1) で「(b) ない」または「(c) わからない」と答えた場合】

(3) あなたがお住まい周辺に公園の建設が計画されていると想定してください。公園からはその利用にともない騒音が発生する可能性があることがわかり、自治体がその対策をとることになったとします。この計画を実施するための費用を、あなたが納める税金からまかなうとした場合、1 か月あたりいくらなら税支出が増えてもいいと思いますか。

（出典：石川・浅見，2016, p. 107, 表 2）

響が気になる場合、②現在その用途の混在がなく新たに立地することを想定した場合、そして③現在混在があるが環境への影響が気にならない場合の順で、性能規制への支払意思額が高いことがわかりました。このことは、住宅地への異用途の混在により居住環境が乱されていると感じている居住者にとっては、その嫌悪要因の解消が強く求められていることを示します（上記の①の場合）。と同時に、現在は混在がみられない地域に新たな異用途を立地することを考える際には（②の場合）、用途と嫌悪要因の組み合わせによっては、上記①の場合と同程度に強い性能規制が求められることがわかりました。このような用途と嫌悪要因の組み合わせには、公園と騒音、コンビニと治安悪化および騒音、駐車場と騒音および不特定者往来、短期滞在型マンションと不特定者往来、ごみ処理施設と車両の通行などがあり、機能集約を目的として混在を進め

る際にはとくに配慮を要するといえます。

9.3.3 居住環境と性能規制に対する居住者の意識：コンジョイント分析

　石川・浅見（2017）は、東京都の居住者（世田谷区 1,078 人、杉並区 1,010 人、台東区 599 人、墨田区 1,021 人）および柏市の居住者 846 人を対象に質問紙調査をおこない、居住地周辺への住宅以外の用途の立地に対する意識を調べました。回答者には、特定の用途が立地している地域で賃貸物件を探していることを想定してもらい、その用途が居住環境に与える影響の程度を変化させて作成した 8 つのシナリオを評価し、好ましいと思う順に並べてもらいました。評価の対象とした用途は公園、商店街、大規模ショッピングセンター、24 時間営業のコンビニ、病院で、これらの用途が居住環境に与える影響として騒音と不特定者の往来を考えました。表 9.4 は、用途が公園の場合の質問とシナリオを示しています。

　回答結果をコンジョイント分析することにより、それぞれの用途について、混在の心理的評価に影響を与える変数として設定した各要因（昼間と夜間の騒音、昼間と夜間の不特定者の往来、家賃）の重要度を算出することができます。図 9.3 は、用途が公園の場合の結果を調査対象の地域ごとに示しています（コンジョイント分析の結果の見方については第 4 章を参照してください）。いずれの地域においても、夜間の騒音、家賃、昼間の騒音、夜間の不特定者往来、昼間の不特定者往来の順に重要度が高くなっています。とくに夜間の騒音の重要度は家賃とくらべてほぼ 2 倍となっており、居住環境に影響を与える要因として、性能規制の重要な対象となることを表しています（他の用途についても同一の傾向を示す結果が得られました）。

　さらに、回答者の居住属性と物的環境の特性が混在の心理的評価に与える影響を分析したところ、まず居住属性に関しては、ファミリータイプの居住者が多い地域では、公園、商店街、コンビニ、病院の立地に対して心理的な許容度が高く、また同タイプの居住者は生活利便性の向上を高く評価する傾向があることがわかりました。物的環境の特性に関しては、住宅以外の用途の混在が進んでいる地域では、公園と大規模ショッピングセンターに対する心理的許容度が高く、騒音や不特定者往来によって心理的評価が下がる程度も小さくなって

表 9.4　コンジョイント分析のためのシナリオ評価

　現在、あなたが住んでいる家の周辺には、歩いて行ける距離内に公園がなく、今回、周辺（徒歩 1 〜 2 分程度、100m 程度以内）に公園があるマンションの部屋をさがしていると仮定してください。
　以下に示す 8 つの候補を、周辺に公園があるという条件は同じで、昼間と夜間の公園からの騒音の程度、昼間と夜間の公園利用にともなう歩行者数（不特定な往来者の数）、1 か月の家賃がそれぞれ異なる物件を示しています。これら 8 つの物件を、あなたがよいと思う順序に並べたときの、それぞれの物件の順番をお答えください。
　なお、これらの物件は、マンション 1 階部分にある＊＊の部屋とし、騒音の程度、歩行者数、家賃以外の条件はどれも同じであると想定してください。

	騒音 （昼間）	騒音 （夜間）	往来 （昼間）	往来 （夜間）	1 か月家賃
1	静か	うるさい	少ない	多い	平均額
2	うるさい	うるさい	少ない	少ない	−20%
3	静か	うるさい	多い	少ない	+20%
4	うるさい	静か	多い	少ない	平均額
5	静か	静か	多い	多い	−20%
6	うるさい	静か	少ない	多い	+20%
7	うるさい	うるさい	多い	多い	−20%
8	静か	静か	少ない	少ない	−20%

【注 1】騒音の程度については、「静か」は図書館内やエアコンの室外機の音程度、「うるさい」は電話のベルや掃除機の音程度と説明しました。
【注 2】1 か月家賃は、不動産住宅情報サイトの家賃相場情報を参考に各地域の平均額を求め、「平均額 −20%」、「平均額」、「平均額 +20%」の 3 水準を実際の数値で示しました。たとえば世田谷区の平均家賃額は、ワンルーム 7 万円、1LDK13 万円、2LDK16 万円、3LDK21 万円、4LDK32 万円でした。
【注 3】質問中の間取り「＊＊の部屋」の部分は、各回答者が居住属性アンケートで答えた現在の間取りと対応するように合わせ、ワンルーム、1LDK、2LDK、3LDK、4LDK と提示しました。

（出典：石川・浅見, 2017, p. 1299, 表 1）

います。他方、用途混在の程度が低い住宅地域では、公園、商店街、大規模ショッピングセンター、コンビニ、病院について昼間と夜間の騒音が心理的評価を低下させる程度が高く、商店街については昼間の不特定者往来も心理的評価を低下させていました。よって、都市のコンパクト化と用途の計画的混合を進めるにあたっては、上記の各用途と要因の組み合わせで性能の規制をすることが有効であることを示唆しています。

　本節では、居住者の視点からの居住環境評価を考え、実際の調査の方法や質問の尋ね方について、共分散構造分析、仮想市場評価法、コンジョイント分析

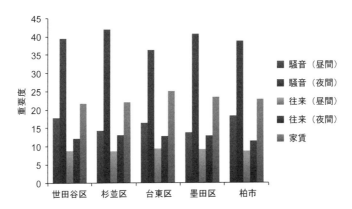

図 9.3 混在用途が居住環境に与える影響の心理的評価
用途が環境に与える影響の程度を変えたシナリオを作成し、回答者がよいと思う順番に並べた回答をコンジョイント分析することで、各要因が心理的な評価に与える影響の程度を調べました。図は用途が公園の場合の結果で、グラフは地域ごとに左から順に昼間と夜間の騒音、昼間と夜間の不特定者の往来、家賃の重要度を示します。（出典：石川・浅見, 2017, p. 1300, 図 1）

の各手法を用いた研究例を紹介しました。少子高齢化が進む現在の私たちの社会では、都市計画においても従来とは異なる新たな見方が求められています。その際、地域の状況に合わせた柔軟性、居住者の多様性の尊重、適度なコンパクト化と機能集中、歩いて生活できる範囲の利便性向上といった考え方が提唱され、また用途の立地や変更に際しての「周辺の良好な住環境を害しない場合」とか「住民の理解が得られれば」といった条件が議論されることが多くあります。これらはすべて居住者の思いや考えと密接に結びついた事柄を対象にしており、居住者の視点が欠かせません。まさに、人間中心まちづくりをおこなうためには人間を知る必要があるといえます。本章の議論を手がかりとして、読者のみなさんにも、居住者の心理や価値観をまちづくりに活かす取り組みに積極的に参加していただきたいと思います。

［さらに深く考えるためのディスカッション課題］

(1) まちをデザインするという考え方について、みなさんはどのように思いましたか？

(2) 都市計画という考え方が起こった社会的な背景を整理してまとめてください。

(3) 用途地域とよばれるまちづくりのルールを紹介しました（図9.1）。みなさんの住むまちはどの用途地域に該当するか調べてみましょう。また、このような13の地域を設定してまちづくりを進めることの意義を議論してください。

(4) 上記の(3)のような「規制」の理念が少子高齢化を迎えた縮小社会でどのように効力を発揮しうるか考えてください。あるいは、その効果を活かすためにはどのような変更が望まれるか、「誘導」という観点から考えてみましょう。

(5) コンパクトシティの理念をみなさんの身近な実際の都市で考えましょう。コンパクトシティ政策を推進している都市をいくつかあげ、どのような課題に対処するために、どのような目標を掲げて都市のコンパクト化を進めているのかまとめてください。みなさんはコンパクトシティに住みたいと思いますか？

(6) 本章では、性能規定という考え方の可能性を議論しましたが、さまざまな用途の混在を性能評価にもとづいて進めるという取り組みに対して、みなさんは居住者の立場から賛成でしょうか、それとも心理的に抵抗を感じるでしょうか？

(7) 9.3節で紹介した居住者の視点からみた都市の性能評価に関する3つの論文を読んでみましょう。それらをもとに、エクスペリエンス的な研究を都市の問題にどのように応用できるのか、また得られた結果を居住者の視点からのまちづくりにどう活かせるのか議論してください。

(8) 人間中心まちづくりについてのみなさんの考えを聞かせてください。

第10章　都市とエクスペリエンスの未来

【第10章の目標】さて、ここまで都市の空間現象と行動に関して、さまざまなテーマのもと議論を進めてきました。私たちの空間の経験と認識という観点を根底に置きながら、都市の立地と空間行動に関する理論モデル分析、価値という視点からの心理的評価の議論、頭の中の地図と個人レベルでの空間行動の理解、都市における美的な感情と環境心理学的な考え方、居住者の視点からの人間中心まちづくりの重要性について考えてきました。最後に、高度に情報化が進む融合社会における場所のエクスペリエンスの今後の展望と課題について、「空間－情報－人間の関わり」という視点からまとめの議論をしましょう。

10.1 都市の情報化と情報の都市化

近年の情報技術の進展はまさに日進月歩といえるほど目覚ましく、さまざまな製品やサービスという形で私たちの毎日の生活を支えています。たとえばパソコンは性能の向上とともに小型化され、タブレットやスマートフォン、さらにはリストウォッチなど、自由に持ち運びができ、身につけることができるようなサイズの端末での情報処理が日常のものになっています。人間とコンピューターのインタラクションも、キーボードやマウスを使ったやりとりから、タッチパネル、音声指示、表情や体の動きの認識など、五感やセンサーを駆使したものに変化しています。ネットワークを介したアプリケーションの利用や他の人とのリアルタイムで双方向のつながりも生活の一部になっていますし、ヘッドセットやメガネ型のウェアラブルデバイスと拡張現実の技術の応用により、現実空間に仮想空間が重ね合わせられた融合社会も夢物語ではなくなっています。

このような融合的なコンピューティング環境は、1980年代後半に提唱されたユビキタスコンピューティングの概念の場所への展開としてとらえることができます。ユビキタスとはコンピューティング技術の遍在化を意味し、組み込みシステムやネットワークの整備によって、いつでも、どこでも、だれでも必要な情報にアクセスできるような、いわば「どこでもコンピューター」の世界

が実現することを目指した取り組みです（図 10.1）。たとえば、小型化したコンピューターがあらゆるモノに組み込まれることによって個々のモノの識別が可能になることは、トレーサビリティーという仕組みで私たちの生活に浸透しています。食品のトレーサビリティーはその代表的な例であり、野菜や果物などが、いつ、どこで、だれによって生産され、どのような品質管理のもとで、どのような流通経路を経て消費者のもとに届いたのかという情報を、個々の製品あるいはロット単位で詳細にトレースすることができるようになっています。モノどうしがネットワークを通じて相互につながる世界という意味では、最近では IoT（インターネット・オブ・シングス、モノのインターネット）という言葉を用いて議論されることが多いことをみなさんもご存じでしょう。

先ほどみた現実空間と仮想空間の重ね合わせは、先端の情報技術が単独で可能にするものではなく、現実の都市空間とコンピューターの情報空間が高度に融合することで実現する世界といえます。第 5 期科学技術基本計画（2016 年閣議決定）ではこのような社会を「超スマート社会」と名づけ、Society 5.0 の

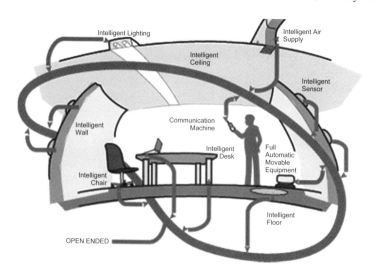

図 10.1　ユビキタスコンピューティングの概念図
いつでも、どこでも、だれでも必要な情報にアクセスできるような「どこでもコンピューター」の世界を目指すユビキタスコンピューティングの技術が現在では場所に展開され、現実空間と仮想空間が融合した社会が実現しつつあります。
(Illustration by courtesy of YRP Ubiquitous Networking Laboratory, https://www2.ubin.jp/)

名のもとに、IoT、ビッグデータ、人工知能（AI）、ロボットなど周辺技術との連携により社会課題の解決に取り組み、あらゆる人が活き活きと快適に暮らすことができる社会の実現を目指しています（図10.2）。

ところで都市の情報化と聞いて、みなさんはどのようなことを思い浮かべるでしょうか？　センサーネットワークにより温度、湿度、明るさなどのデータをリアルタイムで取得し、家屋やオフィスの環境を最適にコントロールするIoTシステムを思い浮かべる人がいるかもしれません。加速度センサーや変位計からの情報にもとづいた、橋やトンネルなどの都市の構造物モニタリングシステムもあります。電力や二酸化炭素のデータを都市のスケールで管理することで、都市の持続可能性の向上、高齢化等の社会問題への対応、災害時の耐久性強化を目指すスマートシティの取り組みもそのひとつといえるでしょう。近年では、デジタル田園都市国家構想やデジタルツイン実現プロジェクト（3D都市モデル）など、都市とデジタルの結びつきによる社会変革や課題解決も政府の大きな目標となっています。

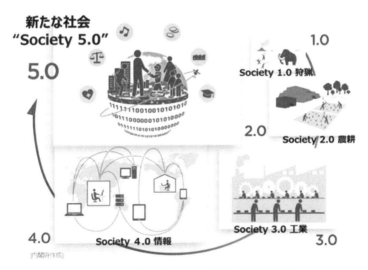

図10.2　現実空間と仮想空間が融合した新たな社会
Society 5.0 の名のもとで、現実の都市空間とコンピューターの仮想空間が高度に融合した超スマート社会の構築が進められています。（内閣府ウェブサイトより、https://www8.cao.go.jp/cstp/society5_0/index.html）

これら多くの都市の情報化の例を現実空間と仮想空間の融合という点に注目して眺めると、その基本にあるのは、位置を知るための仕組みといえないでしょうか。数々の先端の情報技術を場所に応用展開するためには、技術の高度化やデバイスの小型化とともに、「どこ？」を知るための技術が必要不可欠です。すなわち、Society 5.0 を支える重要な基盤となるのが、インフラとしての位置情報であり、位置を特定する体系の整備になります。私たちが毎日使っているカーナビやスマホのナビアプリを可能にしているのは、GPS（グローバル・ポジショニング・システム）をはじめとする衛星測位システムによる位置特定です。また最近では屋内外のシームレスな移動を可能にするため、各種ビーコンや IC タグをオフィスビルや駅構内、地下街、空港などに設置して高精度な位置特定を目指す取り組みも進んでいます。測量のための基準点に IC タグを埋め込むことにより高精度の位置情報取得を可能にするインテリジェント基準点は、まさに実際の場所と位置情報の連携であり、ナビゲーションや観光案内などへの応用も視野に入れた場所情報インフラ整備の代表例といえます（石川, 2015）。

　ここで、社会インフラとしての位置情報整備の重要性を理解するため、少し視点を変えて「ここってどこ？」という問いについて考えてみましょう。みなさんは、いま自分がいる場所（「ここ」）をどのように表現しますか？　「大森さんの家」、「山手ビル 3 階」、「本館 407 号室」のように固有の名称や部屋番号を使うこともできるでしょう。あるいは「神戸市中央区中山手通 3 丁目」、「青山通り」、「一番街」などのように住所の体系や通りの名前を使うこともできるでしょうし、GPS 機能がついたスマートフォンをもっていれば「北緯 35 度 46 分、東経 139 度 42 分」という座標値で位置を示すこともできるでしょう。これらはすべて「ここ」を示す正しい言い方（場所を識別するラベル）です。ただ、これらの異なるラベルのなかには、毎日の会話で使うもの（建物の名前や部屋番号）があれば、普段は使わないもの（緯度、経度）もあります。たとえば、「明日の夜 7 時に北緯 34 度 41 分、東経 135 度 11 分に集合しましょう」といった言い方は普通はしないですね。

　さらには、緯度・経度の数値は地球上の位置を正確に示してくれるものと思いがちですが（もちろんそうなのですが）、これはあくまでも私たち人間が地

球に概念的に被せた網目にすぎません。宇宙船に乗って地球を外から眺めても地球に緯度・経度の線が引かれているわけではありません。実は「ここ」を示す地理的な位置座標も、地球の形を回転楕円体などで近似する理論モデルや3次元の地球を2次元の平面に投影する方法が異なるとその値が変わってきます。前者は測地系とよばれ、WGS84などの用語を聞いたことがある人もいるでしょう。また後者は地図投影法とよばれ、地理の授業でメルカトル図法やモルワイデ図法などを習ったことを覚えている人も多いのではないでしょうか。このように、1つの「ここ」という場所を示すためにも複数の言い方があり、それらはどれも正解であると同時に、特有の曖昧さを含んでいます。このことは、場所を記述・特定する方法（場所識別子ともよばれます）を統一することで、情報技術の立場から解決を図ろうという取り組みにつながります。先ほどのインテリジェント基準点もそうですが、場所に付与したコードに位置情報を与え、1つの場所に対する複数の識別子を相互に関連づけ、ネットワークを介してユーザーに提供するための情報インフラ整備です。そのための情報アーキテクチャーについては、国際標準化機構（ISO）や国際電気通信連合（ITU）で標準化の取り組みも進められており、都市と情報の融合を高度に推進しています。さらに、場所情報がもつ特有の曖昧さの問題は、第6章でみた空間参照系の話に関連して、場所情報の表現とコミュニケーション、位置情報サービスのデザイン、ナビツール利用者の空間認識という応用的な研究テーマにつながります。この点について、つぎの節でくわしくみてみましょう。

10.2 超スマート社会と私たちのエクスペリエンス

　現実空間と仮想空間が高度に融合した超スマート社会は、私たちの生活をどのように変えるでしょうか？　まず何より、ユビキタスコンピューティングが目指す「いつでも、どこでも、だれでも」というどこでもコンピューターの概念が、ごく自然に日常生活に溶け込むようになるでしょう。スマートフォンの普及（総務省による2023年8月の通信利用動向調査では世帯保有率は90.6%、個人保有率は78.9%）やウェアラブルデバイスの登場により、位置情報をはじめとするさまざまなセンサーデータが時間・場所を問わず取得され、蓄積したデータの分析により状況に応じたサービス提供が可能になってい

ます。このようなコンテクストアウェアネスの実現には、大量のデータから意味のある情報や知見を見つけ出す技術（ビッグデータ解析、ディープラーニング）や、効果的な情報の可視化とデザインを考える手法（ビジュアリゼーション）などの周辺分野が密接に関連しています。みなさんもネットショッピングをする際に「あなたへのおすすめ商品」を提示されることがよくあると思いますが、これはみなさんの購買履歴データの分析によるものです。同様の機能を場所に展開したものが、周辺のおすすめ観光スポット情報、目的地の混雑状況と空き駐車場案内、現在の天気と今後の雨雲の動き予想であり、ユーザーの置かれた時間と場所の状況認識にもとづくサービスといえるでしょう。

　そして都市と情報の融合の基盤となるのが場所のデータですが、これには、衛星測位データ、スマートフォンからのセンサーデータ、カーナビやドライブレコーダーの記録データなどリアルタイムで取得される豊富な位置データと同時に、場所に設置したタグに埋め込まれた基準点情報や、住所・地名の相互変換のプラットフォームなどの情報基盤が中心的な役割を果たしています。とくに場所情報インフラという観点からは、国土地理院を中心に基盤地図情報の整備が進められており、電子地図上で位置を定めるために必要な基本情報（測量基準点、道路や街区の境界線、建物の外周線など）が、標準化された地理情報データ形式でオープンデータ化されています。このような基盤地図情報の整備は、ユーザーがさまざまなデータを目的に応じて自由に表示できるウェブマッピングの機能（地理院地図、国土情報ウェブマッピングシステム）と連動することで、地理空間情報の日常生活での利用促進を目指しています。オープン化された位置データは非常時に有効活用される例もみられ、2011 年の東日本大震災の際には、自動車メーカーやカーナビゲーションシステムメーカーなどがもつ車両位置情報をもとに自動車の通行実績データが一般向けに提供され、自動車が通行可能な道路を知ることで災害時の物流支援などに役立てられました（今井, 2020; 水谷ほか, 2016）。

　これら地理空間情報のオープン化に関しては、プライバシー保護や常時と非常時の利用の区別など社会的なルール設定に向けた議論が必要ですが、インフラとしての場所情報整備は、Society 5.0 が掲げる超スマート社会の実現およびそれが目指す社会課題解決や生活利便性向上に大きく貢献し、私たちの住むま

ちをよりよくすることにつながるでしょう。と同時に、「よりよく」ということを具体的に考える際には、居住者の視点からのエクスペリエンス評価が重要なこともこの本を通してみてきたとおりです。では、超スマート社会における場所のエクスペリエンスを、私たちの空間の経験と認識という観点から考察してみましょう。

　本書で強調してきたのは、私たちのエクスペリエンスとは、モノやサービスとのインタラクションを通して日常のあらゆる場面で感じている心の中の思い・考えであり、日ごろ意識することなく感じているからこそ私たちの生活にとって重要なのだということでした。とくに都市を対象とするエクスペリエンスを考える際には、私たちと空間とのインタラクションに焦点をあてることになり、さらに本節のテーマである現実空間と仮想空間が高度に融合した超スマート社会の実現に向けては、空間－情報－人間のインタラクションが考察の中心に据えられることになります（図 10.3）。空間は私たちの生活の場であり、

図 10.3　空間－情報－人間のインタラクション
たとえば場所の情報は、地図、コンパス、テキストによる文章、他の人との会話、街なかの案内表示、まちを実際に歩いた経験、デジタル地図やナビツールなどさまざまな形で表現されます。空間を「知る」ためには、空間－情報－人間の相互関係を理解することが欠かせません。(Images from https://pixabay.com/)

私たちを取り囲んで広がっています。そして私たち人間は場所のユーザーであり、都市の居住者です。アフォーダンスの概念の基礎にあった生態学的な見方、つまり私たちと空間は互いに補い合う存在で、全体で一つをなしているという視点を思い出してください。物理的な空間とそこに住む人が合わさって都市が成立するということでしたね。そして、高度な空間−情報融合社会では、そこに情報が付け加わります。場所の情報はさまざまな形で提示することができ、会話やガイドブックなど言葉による表現、地図やスケッチなどの視覚表現、五感を利用したナビゲーションツールなど、異なるフォーマットによる情報提示とコミュニケーションにより、それぞれ固有の特徴をもったエクスペリエンス（経験、感情、知識）が私たちの心の中に形成されることは、第6章でみたとおりです。

　私たちの日常生活における代表的な空間的思考がナビゲーションですが、現在ではそのためのツールとしてカーナビやスマホのナビアプリが広く用いられています。ある調査によると（6.4節でみました）、まちの中でのナビゲーションにおいては、62% の人がスマートフォンのデジタル地図を利用し、38%の人がカーナビを用いる一方で、紙の地図を利用する人は28% に留まっており、デジタル地図の利用が進んでいることがわかります（ゼンリン, 2018）。オンラインのデジタル地図は、スマートフォンがあれば現地を探索しながら参照することができ、また現在地や目的地までのルートも示してくれます。さらには、最短ルートの提示や混雑状況の表示、近隣の関連施設や店舗の場所や営業時間も教えてくれます。何より、ナビツールは、画面上の地図という視覚情報だけではなく音声ガイダンスなどの聴覚情報や振動などの触覚情報も用いたナビゲーションを可能にし、視覚に障がいのあるユーザーの移動を効果的に支援することはその大きな利点です（Karimi, 2017; Messaoudi et al., 2022）。

　このような利便性や有効性は当然のこととして認めたうえで、ナビツールの利用に関しては、最近いくつかの懸念も示されています。ナビツールへの過度の依存、とくにツールが自動で与えてくれる道案内を受け身で利用することは、私たちの空間認識に何らかの影響を与えないでしょうか？　みなさんも日ごろスマホのナビアプリなどを使うことが多いと思いますが、ナビツールを使わない場合や紙の地図を使う場合とくらべると、空間的に考える程度が低

くなっていると思うことはないでしょうか？　みなさんの現在地、向いている方向、進むべきルートはナビツールが教えてくれます。そのルートも、「つぎの曲がり角を左に曲がってください」という形で交差点ごとに指示を出してくれます。それがナビツールの便利な点であり、道に迷いやすい人にとって大きな味方となる理由ですが、一方で、ユーザーは空間の中での自分の位置、場所どうしの位置関係、目的地までの行き方について自分で考える必要がないということになります。第6章でナビツール利用の短期的および長期的な負の影響を示す実証データをみましたが、ツールの便利な機能に過度に頼りながらまちを歩くことに慣れてしまうと、私たちが本来おこなうべき空間的な意思決定が抜け落ちてしまい、私たちがもっているはずの空間認識力が低下（あるいは退化）しうることを示唆しています。もちろん、このような問題意識が技術の利用についての通り一遍の認識（たとえば、電卓を利用すると計算能力が落ちる、ワープロを利用すると漢字を忘れるなど）に留まるとあまり実質的な意味をもちませんが、都市と情報が高度に融合し多くの利便性を提供する超スマート社会において、その中で生活する人間の意識が実空間から遊離してしまう（空間と人間の一体感が失われる）可能性があるという点は、場所のエクスペリエンスという観点から真剣にとらえるべき問題です。

　では、来たるべき高度空間情報社会で求められる空間リテラシーとはどのようなものでしょうか（石川, 2019）。まず情報の利用者としての立場から考えてみましょう。繰り返しになりますが、デジタルでリアルタイムな場所情報の重要性と有効性は大いに強調されるべきで、未知の場所で迷いやすい人にとっては、ナビツールは外出や移動に対する不安感を減らし安心感を得るためにもぜひ活用すべき便利なツールです。そのもとで、利用者の意識はナビツールの小さな画面ではなく周辺のまちに向けられるべきで、空間の中での自分自身の位置、まわりの景色、場所がもつ固有の雰囲気（アンビエンスともいえるでしょう）など、環境が与えてくれる情報と私たちが心理的・身体的に一体化することが望まれます（アフォーダンスの議論を思い出しましょう）。すなわち、ナビツールに頼りすぎるのではなく、自分はいまどこにいるのか、目的地はどこか、どのように行くかなどについて自分で考え、意思決定をし、注意を払うことで、私たちが祖先から受け継いでいる方向感覚や場所の意識を積極的に働

かせる機会を確保したいものです。

　最近急速に発達している人工知能（AI）に関しても同様の議論ができるでしょう。大規模なテキストデータの学習にもとづく生成 AI の技術は、私たちと対話しながら有用な知見を導き出してくれますが、作業の目標を設定するのは私たち人間です。全体の目的の議論と明示、そして出された結果の適切な解釈は私たちユーザーに委ねられており、何をしたいか、何をしてほしいかについての意思の主体は私たちです。それに対し生成 AI はいわば指示待ちの状態です。高度な空間情報社会のユーザーである私たちが、ツールから与えられる情報を受動的に受け取り、指示を一方的に待つような状態になってしまっては、都市と情報の高度な融合がもつ本来の意義が半減してしまうとはいえないでしょうか。

　ネガティブな面ばかりを強調するのは本書の意図ではありませんが、5.3 節でみたイヌイットの人たちの高いナビゲーション能力に関しても、若い世代の GPS 利用によりその能力が衰えることが懸念されたり、消防士など高い空間能力やナビゲーションスキルを必要とする職業の人たちの間でも、ナビ世代の若い人たちの空間把握能力の低下が指摘されたりしています（Aporta and Higgs, 2005）。これらは私たちの方向感覚の未来を考えるうえで単純には無視できない報告です。また、さらに歴史をさかのぼって考えてみると、ポリネシアやミクロネシアの人々がもつ高度な航海術（Gladwin, 1970）やオーストラリアの先住民であるアボリジニがもつ正確な空間把握能力（Lewis, 1976）に代表される優れた方向感覚は、GPS がなかった時代の人々にとっては当然のものだったのでしょうか？　昔の人たちの方向感覚を現在の私たちが行動実験などで実証的に調べることはできませんが、たとえば石器時代や古代文明の時代、あるいは大航海時代の人たちの方向感覚や空間認識がどのようなものだったかと考えることは、時空間的な広がりをもったとてもロマンがある学問的空想ではないでしょうか。

　さて、利用者から作り手（情報の提供者）に視点を移した場合、高度空間情報社会に求められる空間リテラシーとはどのようなものでしょうか。この点について、つぎの節で、本書のこれまでの議論を総括する形で考えてみましょう。

10.3 場所のエクスペリエンスデザイン：だれのための都市

本書では空間についての理論的な考察をさまざまな例とともにみてきました。これらの議論を通して確認したのは、私たちの空間的な行動を真に理解するためには、物理的な空間だけではなく、私たちが認識する空間を知ることが欠かせないということでした。このような心理的な空間、すなわち頭の中の都市あるいは心の中のまちとよべるものは、私たちと空間とのインタラクションから生じる場所の経験であり、それらの経験にもとづく知識、思い、感情を意味していました。そして、心理や認識という言葉で表現される場所のエクスペリエンスは、ともすると主観的でつかみどころがないと思われることがありますが、私たちの行動あるいは意思決定という形で外に取り出すことができ、しかるべき方法によって見ること、知ること、調べることができました。私たちのエクスペリエンスを知ることができれば、私たちにとっていい経験とは何かを理解することができますね。ユーザーの経験をしっかり知ることでユーザーにとってのいい経験を作り出すという考え方は、広くユーザーエクスペリエンスデザインという概念、より具体的にはモノやサービスのデザイン、情報の視覚化とコミュニケーション、空間のデザインと場所の創出などの取り組みの基礎となります。

都市の空間現象や私たちの空間行動を考察するにあたって、本書では、まず理論モデルにもとづく土地利用分布や空間的相互作用の研究から議論をはじめましたが、そこで分析の対象となっていたのは、エリアごとに集計されたデータあるいは平均値などの地域の代表値でした。またこれらの理論モデルは規範的モデルともよばれ、空間的な分布や人間の行動についていくつかの仮定が置かれることが特徴でした。本書のテーマである場所のエクスペリエンスという観点からこれらの研究を眺めたとき、観察された空間的な行動の背後にある理由（なぜ、どのように）を知りたいという学問的な興味をかき立てられます。それが、理論モデルによる解析的研究をさらに一歩進め、私たちの頭の中の空間を分析する認知行動地理学的な研究が起こる契機となりました。すなわち、個人のレベルでの空間認識を探ることで、行動という形で外に表れた現象の心理的なプロセスを説明し、また一様性や効用最大化の仮定の妥当性を考察することで既存のモデルをさらに発展させようという新たな動きでした。

このような研究背景と動機のもと、本書の中盤からは、都市のユーザーである居住者の空間経験と認識の特徴を議論しました。その議論において重視したのは、いい経験を作り出すことにつながるユーザー中心の見方であり、それを基礎づける個人差の視点でした。頭の中の地図の正確さには大きな個人差があり、このことは、都市のイメージ、空間知識の構造、空間能力と方向感覚、地図の利用と場所情報の表現についての理論的研究にとって大きな意味をもちます。また応用面でも、ユーザーに合わせたナビゲーション情報の提示、場所への愛着や美的な感情を考慮した環境デザイン、価値観やライフスタイルの多様性を重視したまちづくりなど、高度空間情報社会において重視すべき課題に対する大事な見方を与えてくれます。

では、前節で問題提起をした高度空間情報社会に求められる空間リテラシーについて、現実空間と仮想空間が融合した社会の設計者の立場からの議論をして、最後のまとめとしましょう。まず、場所のエクスペリエンスは私たちの生活に根ざした経験であり、そこから生じる心理的な思いにもとづいて私たちの行動が起こること、またこのような経験と思いは普段意識することはないものの絶えず心に感じているからこそ重要だという認識をあらためて確認しましょう。そのうえで高度空間情報社会における場所のエクスペリエンスを考えると、高度融合社会とユーザーである私たちとのインタラクションに働きかける側の立場、すなわち社会のデザイナーとしての私たちがもつ役割の重要性が再認識できます。空間の情報に関してはさまざまなフォーマットが考えられますが、与え手の目的である「よい」コミュニケーションと「有効な」支援を実現するためには、受け手の理解を考慮することが前提となります。場所の表現には特有の曖昧さがあること、また場所情報の理解は簡単ではなく、空間で自分の位置を知ることは多くの人がむずかしく感じることを考えると、利用者にやさしい情報提示は情報デザイナーの目標であると同時に課題でもあります。

ユーザーエクスペリエンス一般に関していえることですが、「ユーザーにやさしいシステム」、「使いやすいツール」、「わかりやすい情報」という表現はよく用いられ、それらが意味するところも一見明快ですが、いざそのようなシステム、ツール、情報をデザインしようとすると、見かけほど単純ではないことに気づきます。「やさしい」、「使いやすい」、「わかりやすい」という

のはユーザーの経験を表しますから、その実現のためにはユーザーがどう思うのかを知る必要があります。ユーザーエクスペリエンスを評価しデザインすることの意味と有効性を説明する際に、「十分にわかっているつもりだったのに、こんなにもユーザーのことを理解していなかったのかということに気づく」ことだという言い方がされることもあります（玉飼ほか, 2016）。都市と情報が高度に融合した社会を真によいものにするためには、だれにとって、どのようによいのか、すなわち社会のユーザーである居住者のエクスペリエンスを知ることがその第一歩になります。

　ところで、高度空間情報社会の基盤である都市データに関しては、国土交通省の主導により、建物の位置・形状・属性に関する情報を3次元のデジタル地図として整備する取り組みが進められています（プロジェクト・プラトー）。3D都市モデルとよばれるこのデータは、地理情報システム（GIS）で利用可能な汎用的書式でのオープンデータ化が全国の各都市で進んでおり、現実空間のリアルタイムの情報をサイバー空間で再現するデジタルツインという最先端の仕組みを実現するものとなります。このような基盤データは都市空間の可視化やシミュレーションでの利用が期待されていますが、それと併行して、まちづくりのデジタルトランスフォーメーションと称して、私たちの生活向上を目指した社会的イノベーションにつなげるという応用目標が掲げられています。ここで出てくるのが「人間中心まちづくり」という言葉です。第9章でみたように、縮小社会においては従来とは異なる新たな都市計画が必要とされています。都市のデジタル化を軸とした情報基盤整備を居住者の視点からのまちづくりに応用することで、人々の多様性に配慮し、あらゆる人が豊かに生活できるような都市を実現しようという試みが社会的にも注目されているのです。

　ここで、都市と情報の高度な融合という技術的にも先端の取り組みが、人間中心という概念を前面に出すことで、居住者の視点からのまちづくりというエクスペリエンス的な考え方に結びついていることに注目してください。本書の中心テーマとしてみてきたように、私たちの行動のもとになるのは経験にもとづく心理的な空間であり、私たちの行動を理解するためには心の中の思いや考えを理解する必要があります。言い換えれば、ユーザーのいい経験を作り出すためには、ユーザーのエクスペリエンスを適切に評価する必要があります。す

なわち、居住者の視点からのまちづくりをおこなうためには居住者を知る必要があり、人間中心のまちづくりを進めるためには人間を知る必要があります。ここでの人間とは、場所のエクスペリエンスの主体である私たちであり、まちとのインタラクションから生じる知識、感情、認識には個人差があることを理解することで、多様性を尊重した人間中心まちづくりにつながるのです。

さて、場所のエクスペリエンスの個人差についてわかっていることを振り返っておきましょう。まず私たちが心の中にもっている都市のイメージについては、それぞれの場所のパブリックイメージとよべる共通の認識をスケッチマップやSD法を用いて外に取り出し、イメージマップや心理的な等高線として可視化できることをみました。イメージという主観的な概念をきちんと把握する手法があることは再確認しておきましょう。また場所への感情についても、環境の美的な評価や愛着の概念に関して、視覚的な情報モデルや進化論的な議論、そして環境と人間の相互依存とアフォーダンスという視点から一般的な好みの傾向を予測できることをみました。そしてこのような一般的傾向のもとで、個人の経験や社会文化的な属性の影響による差（独自性、固有性）が表れることを議論しました。この点が、個人の価値観やライフスタイル、文化、環境の多様性の観点から居住者にやさしいまちづくりを考える際に重要となります。実際、都市のコンパクト化にともなう用途の混在に関しては、居住属性や物的環境の影響と比較して個人の価値観という心理的な影響が大きいことを議論しました。まちの個性に応じた柔軟な計画を考える際には、居住者の認識を把握することが欠かせないのです。

頭の中の地図に関しても、私たちの場所の知識には特有のゆがみがあり、距離や方向の推定およびスケッチマップを通してその一般的な傾向を取り出せることをみました。空間知識の階層構造、地図の向きと位置把握の関係、場所を記述するための空間参照系、迷いやすさと方向感覚など、私たちの空間認識にとって重要な概念も議論しました。先ほどのイメージや感情と同様に、頭の中の地図の正確さには、一般的な傾向がみられると同時に、大きな個人差があり、このことは最近の空間認知研究の大前提となっています。そこで、ユーザーにやさしいナビゲーションシステム、わかりやすい道案内、効果的な空間情報の提示を考えるためのヒントとなる利用者の属性として、方向感覚をみまし

た。まちの中で自分の位置を知ることは方向音痴の人にとってかなりむずかしいことであり、心理的な不安感やストレスにつながります。頭の中の地図に関する大きな個人差の存在は、あらゆる場面で最適な唯一のナビゲーション方法は期待できず、利用者の属性と状況に応じた情報提示を考えることが求められることを示しています。方向音痴の人にとってわかりやすい道案内は実はそう簡単ではないことを理解することも重要です（上でみた「こんなにもユーザーのことを理解していなかったのか」という驚きを思い出しましょう）。

　不安感やストレスにつながり、いろいろな場所に出かけることへの抵抗感にもつながる「迷う」という経験を減らすためにも、情報の提示の仕方を考えることは第一に重要ですが、それと同時に、ユーザーのナビゲーションスキルあるいは方向感覚の向上可能性を探ることも意義ある取り組みになります。方向音痴の人に効果的なトレーニング法はあるのでしょうか？　実は、空間能力テストで測られる基礎的な空間能力（心的回転能力と他者視点取得能力を 6.2 節でみました；図 6.9 を参照）については、問題を解くことを繰り返すトレーニングによってスコアが上昇することが知られていますが（Uttal et al., 2013）、方向感覚については限定的な効果を示す実験結果があるものの明確な知見はまだ得られておらず、多くの研究者が興味をもって探究している課題になります（Ishikawa, 2023; Ishikawa and Zhou, 2020）。読者のなかには自分が方向音痴だと感じている方も多いと思いますが、意識的なトレーニングをすることで自分の方向感覚はよくなると思いますか？　この問いは、6.4 節で議論したナビツール利用の長期的な負の影響や 10.2 節で想像を巡らせた昔の人の方向感覚の問題とも関連して、理論的に非常に興味深く、応用的にも示唆に富んだテーマです。

　場所のエクスペリエンスを重視した研究が前提とするもう 1 つの重要な考え方は、私たちの行動は、都市の物理的な空間とともに私たちが認識する心理的な空間にもとづいているということでした。私たちが一番近いと思うポストに手紙を出しに行く、快適だと思うルートで通勤する、愛着を感じる場所に住むという例が示すように、物理的な空間と私たちの行動の間に「認識（心の中の思い、考え）」のレイヤーが重要な要素として存在しているのです（図10.4）。これを都市のナビゲーションの文脈で考えると、同じ場所に案内する

図 10.4　心理的空間の重要性
物理的な空間と私たちの空間行動をつなぐ重要なレイヤーとしての心理的な空間（頭の中の地図、都市のイメージ）を本書では重点的にみてきました。

場合でも、提示する情報の形式によって利用者の行動が変わりうるということになります。たとえば、ある出発地から目的地までのナビゲーション情報として、（1）A4 サイズの紙に印刷された地図、（2）現在地と目的地までのルートを示すナビツール、（3）目的地の大まかな方向を矢印で示すナビツール、（4）携帯端末の小さな画面に表示された地図を与えられた利用者の行動を調べたところ、図 10.5 に示すように 4 つのグループが歩いたルートには違いがみられました（Ishikawa and Takahashi, 2014）。このことは、ナビゲーションの目的に応じてふさわしい情報提示の仕方がありそうなことを示しています。観光を目的としたナビゲーションであれば、旅行の後で覚えているのは訪れた場所だけというよりも、移動の途中の光景や思いがけず見つけて立ち寄った場所の記憶が残ってることも望ましいといえます。その場合、目的地までただ単に指定されたルートに従って進むよりも、周辺地域全体を示す紙地図や目的地までの大まかな方向を頼りに、ルートは自由に決めながら散策を楽しむ案内が適しているでしょう。対照的に、非常時の避難誘導など目的地まで最短のルートで向かってほしいという場合は、進むべきルートを指定する案内が適しているといえます。この点は、これまでの議論で、空間－情報－人間の相互関係を考えた場所情報のコミュニケーションという観点からその重要性をみてきたとおりです。

　さて、このように本書の各章を通して考えてきた場所のエクスペリエンスについて、最後に、私たち全員が主体的に関わりをもつべき「まちの担い手／作り手」という立場から、今後の展望も含めてまとめの議論をしておきましょう。みなさんがまちの作り手だということについては、少し疑問に思う読者の方もいるかもしれませんが、これまでの議論で出てきた「まちの個性」や「居住者の視点からまちづくり」という言葉を振り返ると納得していただけるのではないでしょうか。本書の冒頭から強調してきた「都市は私たちの生活の場で

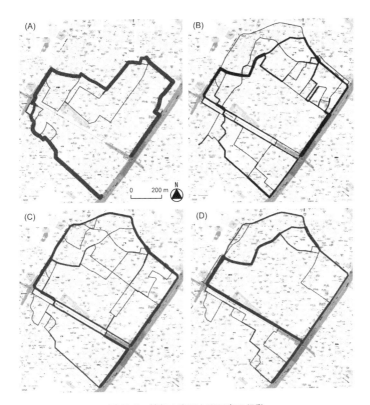

図 10.5　情報の表現と利用者の行動
目的地までの案内のために、(A) A4サイズの紙に印刷された地図、(B) 現在地と目的地までのルートを示すナビツール、(C) 目的地の大まかな方向を矢印で示すナビツール、(D) 携帯端末の小さな画面に表示された地図という4つの異なる方法で情報の提示をした場合、利用者の行動には違いがみられました。この地図は、各ツールの利用者が歩いたルートを人数に比例させた太さの線で示しています。情報の与え手・作り手としてのデザイナーの役割の大きさがわかりますね。(Reprinted from Ishikawa and Takahashi, 2014, p. 22, Figure 5. © by the authors. CC BY-NC-ND 4.0. Tools developed with Google Maps API. Map data © 2011 Google, ZENRIN.)

あり、物理的な空間と、そこに住み、生活し、行動する人間から成り立っている」という考え方からも居住者である私たちの主体的な役割は明らかですし、都市計画においても、案を策定する段階から住民が積極的に関わる参加型まちづくりがスマートシティの建設などと連携しながら各自治体で進められています。

このような場所のエクスペリエンスの主体としての私たちという考え方の基礎となるのが、本書でも高度空間情報社会の目標のひとつとして議論してきた人間中心まちづくりの概念でしょう。私たちがどう思うか、地域に住む人々がどう感じるか、まちの担い手である居住者が何を考えるかを理解することがいいまちを作ることにつながるという、まさしくユーザーエクスペリエンスデザインの空間への応用です。このことは、ユニバーサルデザインという観点からも議論できます。ユニバーサルデザインとは、建築家・製品デザイナーのロナルド・メイスによって1980年代に提唱された概念であり、ユーザーの年齢、性別、能力、体格にかかわらず、より多くの人が使いやすいように最初から考慮して、まち、モノ、情報、サービスを作りましょうという考え方です（広瀬・関根, 2019）。メイスが強調したのは、標準的な成人男子（いわゆる代表的ユーザー）向けに作られたまちやモノを後からデザイン変更して障壁を取り除くこと（バリアフリー）の限界でした。このことが「最初から考慮してデザインする」という理念をもたらし、これを個々の製品のデザインを超えて社会全体のデザインに拡張した場合、ノーマライゼーションやインクルーシブデザインという考え方につながります。

　では、具体的にどのようにしてユニバーサルな都市、ユニバーサルな情報表現、ユニバーサルな移動支援を実現しましょうか？　そのためには、だれのための都市なのか、だれのための情報なのかという視点が重要になるでしょう。メイスが指摘したように、平均的なユーザーに向けてデザインされた製品やサービスは、あらゆる人にとって使いやすいものにはなりにくいでしょう。だからこそ「ユーザーを知る」ことが重要になりますが、私たちは属性、能力、価値観などに多様性をもつ存在であり、多様性こそが社会の強みにつながります（Aggarwal and Woolley, 2019; Ein-Dor et al., 2011; 広瀬・関根, 2019）。このような考えにもとづいたデザインは、市場を相手にする製品にとっては一般にむずかしい面もあるでしょうし、法律や条例という全体的な取り決めにもとづく都市計画にとっても、個々のまちや居住者に合わせた柔軟性というのは実現しづらい部分もあると思います。対象ユーザーについても、多数派、少数派、平均像などいろいろな観点があり、ユニバーサルデザインにとってベストな答えはないともいえますが、それゆえに、個人の認識にもとづいたエクスペリエン

第 10 章　都市とエクスペリエンスの未来　157

ス的な視点を私たちがもつことが重要ではないでしょうか。そして、そのような エクスペリエンス的な視点から私たちの思いや考えを客観的に評価すること が可能であり、また多くの研究知見が蓄積されていることを知ることは大きな 一歩です。つまり、ユビキタス社会および高度空間情報社会が掲げる「いつで も、どこでも、だれでも」の真の実現のためには、いつ、どこで、だれが、ど のような目的で、何を必要としているのかを知ることが不可欠です。そのため の手がかりとして、本書の議論が役に立つことを願っています。

[さらに深く考えるためのディスカッション課題]

(1) Society 5.0 の名のもとで政府が進める超スマート社会の構築についてみなさん はどう思いますか？　みなさんが期待する点や課題と思われる点にはどのような ことがありますか？

(2) 現実空間と仮想空間が高度に融合した超スマート社会で位置情報が果たす役 割について議論してください。

(3) 高度空間情報社会という言葉が使われることがありますが、みなさんにとっ て高度空間情報社会とはどのようなものでしょうか？　みなさんは、現在、高度 に空間情報が整備された社会で生活しているという実感がありますか？

(4) 現在ではさまざまな位置情報サービスやナビゲーションツールが利用可能で すが、みなさんは毎日の生活でそれらをよく使いますか？　どのような点を便利 だと感じますか？

(5) みなさんは、本書で議論したナビゲーションツールの利用がもたらす負の影 響を実感するようなことがこれまでにありましたか？　将来の私たちの方向感覚 や空間認識を議論し、高度空間情報社会における空間リテラシーを考えてみまし ょう。

(6) まちのデザインに関連させてユニバーサルデザインの考え方を議論してみま しょう。まちのユーザーとはだれでしょうか？　だれのためのデザインであるべ きでしょうか？　都市とはいったいだれのためのものでしょうか？

(7) この本で強調してきた個人の空間の経験と認識について、みなさんが考えた ことをまとめてください。まちの作り手、都市のユーザー、情報のデザイナー、 情報の利用者など多様な立場で考えてみましょう。

(8) 頭の中の地図に関してみなさんが興味をもったテーマ、またさらに深く知り たいと思った内容を教えてください。

(9) 最後に、第 1 章の最初のディスカッション課題に立ち返りましょう。本書で の 10 章にわたる議論を終えたみなさんは、いま、空間とは何かと問われたらど のように答えますか？　みなさんは空間について知っていますか？

参考文献

Aggarwal, I., & Woolley, A. W. (2019). Team creativity, cognition, and cognitive style diversity. *Management Science, 65*(4), 1586–1599.

愛甲哲也, 崎山愛子, 庄子康 (2008).「ヘドニック法による住宅地の価格形成における公園緑地の効果に関する研究」, ランドスケープ研究, 71(5), 727–730.

明石達生 (2016).「用途規制の性能規定化に関する試論」, 都市住宅学, 95, 28–33.

秋道智彌 (1986).「サタワル島における伝統的航海術の研究：洋上における位置確認方法とエタック（yeták）について」, 国立民族学博物館研究報告, 10(4), 931–957.

安藤昌也 (2016).『UX デザインの教科書』, 丸善出版 .

Aporta, C., & Higgs, E. (2005). Satellite culture: Global positioning systems, Inuit wayfinding, and the need for a new account of technology. *Current Anthropology, 46*(5), 729–753.

Appleton, J. (1975). *The experience of landscape.* Wiley.（菅野弘久・訳,『風景の経験：景観の美について』, 法政大学出版局 , 2005.）

浅見泰司・編 (2001).『住環境：評価方法と理論』, 東京大学出版会 .

浅見泰司 (2016).「縮小社会の都市計画システム」, 都市住宅学, 95, 4–7.

Austen, K. (2013, January 16). Uncharted territory: Where digital maps are leading us. *New Scientist.* https://www.newscientist.com/article/mg21729002-300-uncharted-territory-where-digital-maps-are-leading-us/

Balling, J. D., & Falk, J. H. (1982). Development of visual preference for natural environments. *Environment and Behavior, 14*(1), 5–28.

Berlyne, D. E. (1966). Curiosity and exploration. *Science, 153*(3731), 25–33.

Binet, M. A. (1894). Reverse illusions of orientation. *Psychological Review, 1*(4), 337–350.

Brown, P. (2008). Up, down, and across the land: Landscape terms, place names, and spatial language in Tzeltal. *Language Sciences, 30*(2/3), 151–181.

Burgess, E. W. (1925). The growth of the city: An introduction to a research project. In R. E. Park, E. W. Burgess, & R. D. McKenzie (Eds.), *The city* (pp. 47–62). University of Chicago Press.

Carey, H. C. (1858). *Principles of social science* (Vol. 1). Lippincott.

Christaller, W. (1966). *Central places in Southern Germany* (C. W. Baskin, Trans.). Prentice-Hall. (Original work published 1933)（江沢譲爾・訳 ,『都市の立地と発展』, 大明堂 , 1969.）

Couclelis, H., & Golledge, R. (1983). Analytic research, positivism, and behavioral geography. *Annals of the Association of American Geographers, 73*(3), 331–339.

Dahmani, L., & Bohbot, V. D. (2020). Habitual use of GPS negatively impacts spatial memory during self-guided navigation. *Scientific Reports, 10*, Article 6310.

Darwin, C. (1873). Origin of certain instincts. *Nature, 7*(179), 417–418.

DeSilva, H. R. (1931). A case of a boy possessing an automatic directional orientation. *Science, 73*(1893), 393–394.

Dumont, J. R., & Taube, J. S. (2015). The neural correlates of navigation beyond the hippocampus. *Progress in Brain Research, 219*, 83–102.

Ein-Dor, T., Mikulincer, M., & Shaver, P. R. (2011). Effective reaction to danger: Attachment insecurities predict behavioral reactions to an experimentally induced threat above and beyond general personality traits. *Social Psychological and Personality Science, 2*(5), 467–473.

嚴先鏞, 鈴木勉 (2017).「空間的土地利用混合度指標を用いた住宅地地価分析による土地利用パターンの評価」, 都市計画論文集 , 52(3), 1356–1363.

Falk, J. H., & Balling, J. D. (2010). Evolutionary influence on human landscape preference. *Environment and Behavior, 42*(4), 479–493.

藤井さやか (2016).「地域の中にある多様性に気づき、活かす」, Joyo ARC, 48(561), 4–11.

Gallistel, C. R. (1990). *The organization of learning*. MIT Press.

Ge, J., & Hokao, K. (2006). Research on residential lifestyles in Japanese cities from the viewpoints of residential preference, residential choice and residential satisfaction. *Landscape and Urban Planning, 78*(3), 165–178.

Gibson, J. J. (1979). *The ecological approach to visual perception*. Houghton Mifflin.（古崎敬 , 古崎愛子 , 辻敬一郎 , 村瀬旻・訳 ,『生態学的視覚論：ヒトの知覚世界を探る』, サイエンス社 , 1985.）

Gladwin, T. (1970). *East is a big bird: Navigation and logic on Puluwat Atoll*. Harvard University Press.

Golledge, R. G. (1978). Learning about urban environments. In T. Carlstein, D. Parkes, & N. Thrift (Eds.), *Timing space and spacing time* (Vol. 1, pp. 76–98). Arnold.

Golledge, R. G. (2002). The nature of geographic knowledge. *Annals of the Association of American Geographers, 92*(1), 1–14.

Golledge, R. G., & Stimson, R. J. (1997). *Spatial behavior: A geographic perspective*. Guilford Press.

Gould, P. (1985). *The geographer at work*. Routledge.（杉浦章介 , 二神真美・訳 ,『現代地理学のフロンティア（上）』, 地人書房, 1989; 矢野桂司 , 立岡裕士 , 水野勲・訳 ,『現代地理学のフロンティア（下）』, 地人書房 , 1994.）

Gould, P., & White, R. (1986). *Mental maps* (2nd ed.). Routledge.（山本正三 , 奥野隆史・訳 ,『頭の中の地図：メンタルマップ』, 朝倉書店 , 1981.）

Grabar, H. (2014, September 9). Smartphones and the uncertain future of 'spatial thinking'. *CityLab*. https://www.bloomberg.com/news/articles/2014-09-09/smartphones-and-the-uncertain-future-of-spatial-thinking

Grieves, R. M., & Jeffery, K. J. (2017). The representation of space in the brain. *Behavioural Processes, 135*, 113–131.

原野啓 , 瀬下博之 (2016).「都市における用途混在と性能規定」, 都市住宅学 , 95, 22–27.

Harris, C. D., & Ullman, E. L. (1945). The nature of cities. *The Annals of the American Academy of Political and Social Science, 242*(1), 7–17.

Hartig, T., & Evans, G. W. (1993). Psychological foundations of nature experience. In T. Gärling & R. G. Golledge (Eds.), *Behavior and environment: Psychological and geographical approaches* (pp. 427–457). North-Holland.

Hegarty, M., Montello, D. R., Richardson, A. E., Ishikawa, T., & Lovelace, K. (2006). Spatial abilities at different scales: Individual differences in aptitude-test performance and spatial-layout learning. *Intelligence, 34*(2), 151–176.

Herzog, T. R. (1985). A cognitive analysis of preference for waterscapes. *Journal of Environmental Psychology, 5*(3), 225–241.

Herzog, T. R. (1992). A cognitive analysis of preference for urban spaces. *Journal of Environmental Psychology, 12*(3), 237–248.

平手小太郎 , 大井尚行 , 川井敬二 , 宗方淳 , 小島隆矢 (1996). 「都市景観評価手法の標準化に関する基礎的研究」, 住宅総合研究財団研究年報 , 22, 227–236.

広瀬洋子 , 関根千佳 (2019). 『情報社会のユニバーサルデザイン (改訂版) 』, 放送大学教育振興会 .

Hoyt, H. (1939). *The structure and growth of residential neighborhoods in American cities.* Federal Housing Administration.

Huff, D. L. (1963). A probabilistic analysis of shopping center trade areas. *Land Economics, 39*(1), 81–90.

今井武 (2020). 「車両プローブデータとモビリティ社会に向けた防災情報の取り組み」, IATSS Review, 45(2), 125–133.

井上拓央 , 小泉秀樹 (2022). 「場所に基づく都市計画への展望 : 場所の理論と場づくりの実践 (特集) 」, 都市計画 , 357.

Ishikawa, T. (2016). Spatial thinking in geographic information science: Students' geospatial conceptions, map-based reasoning, and spatial visualization ability. *Annals of the American Association of Geographers, 106*(1), 76–95.

Ishikawa, T. (2018). Learning the environment: The acquisition of cognitive maps. In D. R. Montello (Ed.), *Handbook of behavioral and cognitive geography* (pp. 116–140). Elgar.

Ishikawa, T. (2019). Satellite navigation and geospatial awareness: Long-term effects of using navigation tools on wayfinding and spatial orientation. *The Professional Geographer, 71*(2), 197–209.

Ishikawa, T. (2020). *Human spatial cognition and experience: Mind in the world, world in the mind.* Routledge.

Ishikawa, T. (2023). Individual differences and skill training in cognitive mapping: How and why people differ. *Topics in Cognitive Science, 15*(1), 163–186.

Ishikawa, T., & Asami, Y. (2020). Simplification and spatial thinking in the modeling and planning of complex urban environments. In G. de Roo, C. Yamu, & C. Zuidema (Eds.), *Handbook on planning and complexity* (pp. 279–301). Elgar.

Ishikawa, T., Fujiwara, H., Imai, O., & Okabe, A. (2008). Wayfinding with a GPS-based mobile navigation system: A comparison with maps and direct experience. *Journal of Environmental Psychology, 28*(1), 74–82.

Ishikawa, T., & Kastens, K. A. (2005). Why some students have trouble with maps and other spatial representations. *Journal of Geoscience Education, 53*(2), 184–197.

Ishikawa, T., & Montello, D. R. (2006). Spatial knowledge acquisition from direct experience in the environment: Individual differences in the development of metric knowledge and the integration of separately learned places. *Cognitive Psychology, 52*(2), 93–129.

Ishikawa, T., & Takahashi, K. (2014). Relationships between methods for presenting information on navigation tools and users' wayfinding behavior. *Cartographic Perspectives, 75*, 17–28.

Ishikawa, T., & Zhou, Y. (2020). Improving cognitive mapping by training for people with a poor sense of direction. *Cognitive Research: Principles and Implications, 5*, Article 39.

石川徹 (2015).「双方向環境のマッピング」, 浅見泰司他・編,『地理情報科学：GIS スタンダード』, pp. 145–153, 古今書院 .

石川徹 (2019).「地理情報と空間リテラシー」, 学術の動向 , 24(4), 14–19.

石川徹 , 浅見泰司 (2012).「都市における居住満足度の評価構造に関する研究：居住属性、価値観、物的環境との関係から」, 都市計画論文集 , 47(3), 811–816.

石川徹 , 浅見泰司 (2013).「利便施設の住宅地への混在に関する居住者の心理的評価」, 都市計画論文集 , 48(3), 909–914.

石川徹 , 浅見泰司 (2016).「住宅地における用途の混在と性能規制に対する居住者の心理的評価に関する研究」, 都市住宅学 , 95, 106–111.

石川徹 , 浅見泰司 (2017).「居住環境と利便性を考慮した住宅地への用途混在に対する居住者の評価」, 都市計画論文集 , 52(3), 1298–1303.

JAF Mate 特集 , 石川徹・監修 (2022).「方向音痴のギモン」, JAF Mate, 60(2), 2022 年 2/3 月号 , 13–19. https://jafmate.jp/lifestyle/sp_20231118.html

Jensen, M. (2007). Defining lifestyle. *Environmental Sciences, 4*(2), 63–73.

Johnston, R. J. (2001). Geography. In N. J. Smelser & P. B. Baltes (Eds.), *International encyclopedia of the social & behavioral sciences* (pp. 6194–6199). Elsevier.

海道清信 (2007).『コンパクトシティの計画とデザイン』, 学芸出版社 .

金森有子 , 田崎智宏 (2014).「日本における 2030 年の世帯構成と発想法に基づくライフスタイル変化の抽出」, 環境科学会誌 , 27(5), 302–312.

Kaplan, R., & Kaplan, S. (1989). *The experience of nature: A psychological perspective.* Cambridge University Press.

Kaplan, R., Kaplan, S., & Ryan, R. L. (1998). *With people in mind: Design and management of everyday nature.* Island Press.（羽生和紀 , 中田美綾 , 芝田征司 , 畑倫子・訳,『自然をデザインする：環境心理学からのアプローチ』, 誠信書房 , 2009.）

Kaplan, S., Kaplan, R., & Wendt, J. S. (1972). Rated preference and complexity for natural and urban visual material. *Perception & Psychophysics, 12*(4), 354–356.

Karimi, H. A. (2017). Wayfinding and navigation services for people with disabilities. In S. Shekhar, H. Xiong, & X. Zhou (Eds.), *Encyclopedia of GIS* (pp. 2455–2464). Springer.

Kataoka, K. (2005). Variability of spatial frames of reference in wayfinding discourse on commercial signboards. *Language in Society, 34*(4), 593–632.

釼持麻衣 (2016).「用途規制の性能規定化における行政法学上の課題と展望」, 都市住宅学, 95, 38–42.

建設省建設政策研究センター (1998).「環境等の便益評価に関する研究：ヘドニック法とCVM の適用可能性について」, PRCNOTE 第 20 号.

君山由良 (2021).『コンジョイント分析（第 4 版）』, データ分析研究所.

木下栄蔵, 大野栄 (2004).『AHP とコンジョイント分析』, 現代数学社.

国土交通省 (2014).「国土交通白書 2014：平成 25 年度年次報告」.

国土交通省国土交通政策研究所 (2010).「居住者の多様性を考慮した居住環境に関する研究」, 国土交通政策研究第 94 号.

国土交通省国土政策局 (2015).「実践編「小さな拠点」づくりガイドブック」.

国土交通省都市・地域整備局 (2008).「都市・地域レポート 2008」.

国立社会保障・人口問題研究所 (2023).「日本の将来推計人口（令和 5 年推計）」, 人口問題研究資料第 347 号.

Kozhevnikov, M., & Hegarty, M. (2001). A dissociation between object manipulation spatial ability and spatial orientation ability. *Memory & Cognition, 29*(5), 745–756.

忽那知輝, 小浦久子 (2014).「中心市街地の賑わい創出における都市の多様性に関する研究：北船場の都市空間分析より」, 日本都市計画学会関西支部研究発表会講演概要集, 12, 61–64.

Levinson, S. C. (1996). Frames of reference and Molyneux's question: Cross-linguistic evidence. In P. Bloom, M. A. Peterson, L. Nadel, & M. F. Garrett (Eds.), *Language and space* (pp. 109–169). MIT Press.

Levinson, S. C. (2003). *Space in language and cognition: Explorations in cognitive diversity.* Cambridge University Press.

Lévy, C. M., MacRae, A., & Köster, E. P. (2006). Perceived stimulus complexity and food preference development. *Acta Psychologica, 123*(3), 394–413.

Lewis, D. (1976). Observations on route finding and spatial orientation among the Aboriginal peoples of the Western Desert region of Central Australia. *Oceania, 46*(4), 249–282.

Li, P., Abarbanell, L., Gleitman, L., & Papafragou, A. (2011). Spatial reasoning in Tenejapan Mayans. *Cognition, 120*(1), 33–53.

Liben, L. S., & Downs, R. M. (1993). Understanding person-space-map relations: Cartographic and developmental perspectives. *Developmental Psychology, 29*(4), 739–752.

Liben, L. S., Kastens, K. A., & Stevenson, L. M. (2002). Real-world knowledge through real-world maps: A developmental guide for navigating the educational terrain. *Developmental Review, 22*(2), 267–322.

Louviere, J. J. (1988). *Analyzing decision making: Metric conjoint analysis.* Sage.

Lynch, K. (1960). *The image of the city.* MIT Press.（丹下健三, 富田玲子・訳,『都市のイメージ』, 岩波書店, 2007.）

槙究, 乾正雄, 中村芳樹 (1994). 「街路景観の評価構造の安定性」, 日本建築学会計画系論文集, 59(458), 27–33.

槙究, 乾正雄, 中村芳樹 (1995). 「評価項目が街路景観評価に及ぼす影響」, 日本建築学会計画系論文集, 60(468), 27–36.

McFadden, D. (2000, July 2–7). *Disaggregate behavioral travel demand's RUM side: A 30-year retrospective* [Paper presentation]. IATBR 2000: 9th International Association for Travel Behaviour Research Conference, Gold Coast, Queensland, Australia.

McKinlay, R. (2016). Use or lose our navigation skills. *Nature, 531*(7596), 573–575.

McKinney, J. (2010, March 22). Don't throw away your paper maps just yet. *Pacific Standard*. https://psmag.com/social-justice/dont-throw-away-your-paper-maps-just-yet-11077/

Meek, T. J. (1935). *Excavations at Nuzi,* Vol. 3: *Old Akkadian, Sumerian, and Cappadocian texts from Nuzi.* Harvard University Press.

Messaoudi, M. D., Menelas, B.-A. J., & Mcheick, H. (2022). Review of navigation assistive tools and technologies for the visually impaired. *Sensors, 22*(20), Article 7888.

Mihaylov, N., & Perkins, D. D. (2014). Community place attachment and its role in social capital development. In L. C. Manzo & P. Devine-Wright (Eds.), *Place attachment: Advances in theory, methods and applications* (pp. 61–74). Routledge.

Millard, A. R. (1987). Cartography in the ancient Near East. In J. B. Harley & D. Woodward (Eds.), *The history of cartography* (Vol. 1, pp. 107–116). University of Chicago Press.

Milner, G. (2016a, February 11). Ignore the GPS: That ocean is not a road. *The New York Times*. https://www.nytimes.com/2016/02/14/opinion/sunday/ignore-the-gps-that-ocean-is-not-a-road.html

Milner, G. (2016b). *Pinpoint: How GPS is changing technology, culture, and our minds.* Norton.

Mittelstaedt, M. L., & Mittelstaedt, H. (1980). Homing by path integration in a mammal. *Naturwissenschaften, 67*, 566–567.

水谷友彰, 井坪慎二, 鳥海大輔, 牧野浩志 (2016). 「ETC2.0 プローブデータ活用による災害時通行可能ルートの把握可能性検討」, 第 14 回 ITS シンポジウム 2016 発表論文, 3-A-06.

Moll, A., Collado, S., Staats, H., & Corraliza, J. A. (2022). Restorative effects of exposure to nature on children and adolescents: A systematic review. *Journal of Environmental Psychology, 84*, Article 101884.

Montello, D. R., & Sutton, P. C. (2013). *An introduction to scientific research methods in geography and environmental studies* (2nd ed.). Sage.

Muhly, J. D. (1978). Ancient cartography: Man's earliest attempts to represent his world. *Expedition Magazine, 20*(2), 26–31.

Münzer, S., Zimmer, H. D., Schwalm, M., Baus, J., & Aslan, I. (2006). Computer-assisted navigation and the acquisition of route and survey knowledge. *Journal of Environmental Psychology, 26*(4), 300–308.

内閣府 (2003). 「ソーシャル・キャピタル：豊かな人間関係と市民活動の好循環を求め

て」.

内閣府 (2005).「コミュニティ再生機能とソーシャル・キャピタルに関する調査研究報告書」, 内閣府研究会報告書等 No. 15.

中澤高志 (2010).「団塊ジュニア世代の東京居住」, 季刊家計経済研究, 87, 22–31.

Nasar, J. L., & Julian, D. A. (1995). The psychological sense of community in the neighborhood. *Journal of the American Planning Association, 61*(2), 178–184.

Newcombe, N. S., Hegarty, M., & Uttal, D. (2023). Building a cognitive science of human variation: Individual differences in spatial navigation. *Topics in Cognitive Science, 15*(1), 6–14.

Neyfakh, L. (2013, August 18). Do our brains pay a price for GPS? *Boston Globe*. https://www.bostonglobe.com/ideas/2013/08/17/our-brains-pay-price-for-gps/d2Tnvo4hiWjuybid5UhQVO/story.html

野家啓一 (2015).『科学哲学への招待』, 筑摩書房.

小栗ひとみ, 岩田圭佑, 松田泰明, 笠間聡 (2015).「公共事業における景観検討の効率化に資する景観評価技術に関する研究」, 土木研究所重点研究報告.

岡敏弘 (1999).『環境政策論』, 岩波書店.

Osgood, C. E., Suci, G. J., & Tannenbaum, P. H. (1957). *The measurement of meaning*. University of Illinois Press.

大月敏雄 (2014).「住宅地における多様性の獲得」, 月刊建設, 58, 4–5.

尾崎修司 (2016).「UR 賃貸住宅における多様なニーズへの対応事例」, 都市住宅学, 95, 34–37.

Palczak, J., Blumenthal, D., & Delarue, J. (2020). Influence of sensory complexity on preferences for novel gourmet dairy desserts. Does Berlyne's theory apply to desserts? *Food Quality and Preference, 84*, Article 103957.

Putnam, R. D. (2000). *Bowling alone: The collapse and revival of American community*. Simon & Schuster.（柴内康文・訳,『孤独なボウリング：米国コミュニティの崩壊と再生』, 柏書房, 2006.）

Rapoport, A. (2001). Theory, culture and housing. *Housing, Theory and Society, 17*(4), 145–165.

Reilly, W. J. (1931). *The law of retail gravitation*. Knickerbocker Press.

林野庁 (2024).「林野公共事業における事業評価マニュアル」.

Ruginski, I. T., Creem-Regehr, S. H., Stefanucci, J. K., & Cashdan, E. (2019). GPS use negatively affects environmental learning through spatial transformation abilities. *Journal of Environmental Psychology, 64*, 12–20.

Russell, J. A., & Pratt, G. (1980). A description of the affective quality attributed to environments. *Journal of Personality and Social Psychology, 38*(2), 311–322.

Russell, J. A., Ward, L. M., & Pratt, G. (1981). Affective quality attributed to environments: A factor analytic study. *Environment and Behavior, 13*(3), 259–288.

齋藤真奈夢, 室崎千重 (2021).「多様化するライフスタイルと住要求に対応する賃貸住宅の有効性と可能性」, 日本建築学会大会学術講演梗概集, 論文番号 5052.

Scannell, L., & Gifford, R. (2010). Defining place attachment: A tripartite organizing framework.

Journal of Environmental Psychology, 30(1), 1–10.

Schwartz, S. H. (1994). Are there universal aspects in the structure and contents of human values? *Journal of Social Issues, 50*(4), 19–45.

Schwartz, S. H. (2016). Basic individual values: Sources and consequences. In T. Brosch & D. Sander (Eds.), *Handbook of value: Perspectives from economics, neuroscience, philosophy, psychology and sociology* (pp. 63–84). Oxford University Press.

滋賀大学, 内閣府 (2016).「ソーシャル・キャピタルの豊かさを生かした地域活性化」, 内閣府研究会報告書等 No. 75.

Silvia, P. J. (2005). Emotional responses to art: From collation and arousal to cognition and emotion. *Review of General Psychology, 9*(4), 342–357.

Simon, H. A. (1990). Invariants of human behavior. *Annual Review of Psychology, 41*, 1–19.

Stamps, A. E., III. (2004). Mystery, complexity, legibility and coherence: A meta-analysis. *Journal of Environmental Psychology, 24*(1), 1–16.

Stern, P. C., Dietz, T., Abel, T., Guagnano, G. A., & Kalof, L. (1999). A value-belief-norm theory of support for social movements: The case of environmentalism. *Research in Human Ecology, 6*(2), 81–97.

Stevens, A., & Coupe, P. (1978). Distortions in judged spatial relations. *Cognitive Psychology, 10*(4), 422–437.

須藤健一 (1985).「ミクロネシアの伝統的航海術」, 舵, 51(16), 196–200.

玉飼真一, 村上竜介, 佐藤哲, 太田文明, 常盤晋作, 株式会社アイ・エム・ジェイ (2016). 『Web 制作者のための UX デザインをはじめる本』, 翔泳社.

Thorndyke, P. W., & Hayes-Roth, B. (1982). Differences in spatial knowledge acquired from maps and navigation. *Cognitive Psychology, 14*(4), 560–589.

Tobler, W. R. (1970). A computer movie simulating urban growth in the Detroit region. *Economic Geography, 46*(Suppl. 1), 234–240.

戸田山和久 (2005).『科学哲学の冒険：サイエンスの目的と方法をさぐる』, 日本放送出版協会.

筒井亜湖, 近江源太郎 (2009).「視覚造形における美的評価尺度の検討」, 女子美術大学研究紀要, 39, 96–105.

Tuan, Y.-F. (1977). *Space and place: The perspective of experience*. University of Minnesota Press.（山本浩・訳,『空間の経験：身体から都市へ』, 筑摩書房, 1993.）

Ulrich, R. S., Simons, R. F., Losito, B. D., Fiorito, E., Miles, M. A., & Zelson, M. (1991). Stress recovery during exposure to natural and urban environments. *Journal of Environmental Psychology, 11*(3), 201–230.

Uttal, D. H., Meadow, N. G., Tipton, E., Hand, L. L., Alden, A. R., Warren, C., & Newcombe, N. S. (2013). The malleability of spatial skills: A meta-analysis of training studies. *Psychological Bulletin, 139*(2), 352–402.

van der Jagt, A. P. N., Craig, T., Anable, J., Brewer, M. J., & Pearson, D. G. (2014). Unearthing the picturesque: The validity of the preference matrix as a measure of landscape aesthetics.

Landscape and Urban Planning, 124, 1–13.

von Thünen, J. H. (1966). *Von Thünen's isolated state* (C. M. Wartenberg, Trans., P. Hall, Ed.). Pergamon Press. (Original work published 1826)（近藤康男 , 熊代幸雄・訳 ,『孤立国』, 日本経済評論社 , 1989.）

Walker, J. L., & Li, J. (2007). Latent lifestyle preferences and household location decisions. *Journal of Geographical Systems, 9*(1), 77–101.

Warren, H. C. (1908). 'Magnetic sense' of direction. *Psychological Bulletin, 5*(11), 376–377.

Weisberg, S. M., & Newcombe, N. S. (2016). Why do (some) people make a cognitive map? Routes, places, and working memory. *Journal of Experimental Psychology: Learning, Memory, and Cognition, 42*(5), 768–785.

White, M., Smith, A., Humphryes, K., Pahl, S., Snelling, D., & Depledge, M. (2010). Blue space: The importance of water for preference, affect, and restorativeness ratings of natural and built scenes. *Journal of Environmental Psychology, 30*(4), 482–493.

Willis, K. S., Hölscher, C., Wilbertz, G., & Li, C. (2009). A comparison of spatial knowledge acquisition with maps and mobile maps. *Computers, Environment and Urban Systems, 33*(2), 100–110.

Wohlwill, J. F. (1968). Amount of stimulus exploration and preference as differential functions of stimulus complexity. *Perception & Psychophysics, 4*(5), 307–312.

Wohlwill, J. F. (1983). The concept of nature: A psychologist's view. In I. Altman & J. F. Wohlwill (Eds.), *Behavior and the natural environment* (pp. 5–37). Plenum Press.

Wolf, K., Krueger, S., & Flora, K. (2014). Place attachment and meaning: A literature review. In *Green cities: Good health*. College of the Environment, University of Washington. https://depts.washington.edu/hhwb/

楊輝彦 , 石川徹 (2015).「住戸配置の規則性がパーソナルスペースの認識と居住空間の親しみに与える影響についての分析」, 都市計画論文集 , 50(3), 303–308.

米盛裕二 (2007).『アブダクション：仮説と発見の論理』, 勁草書房 .

ゼンリン (2018).「地図利用実態調査 2018」.

索 引

[ア行]

愛着　56, 93, 105, 111–113, 153
アイデンティティー　118
曖昧さ　86, 143, 150
頭の中の
　　——イメージ　3, 59, 80, 82
　　——知識　10
　　——地図　37, 57, 59, 61–72, 76–77, 82, 93, 150, 152–153
　　——都市　9, 149
アフォーダンス　55, 104, 146–147
アブダクション（仮説形成）　22
歩いて行ける／暮らせる／生活できる　118, 128, 137
アンカーポイント仮説　66
アンビエンス　147
意思決定　10, 35, 49, 52, 76, 89, 114, 147
位置関係　64, 68, 75–77, 84–85, 87, 90, 93, 147
位置情報／データ　62, 88, 144
　　インフラとしての——　142
　　——サービス　143
位置特定　62, 75, 142
一貫性　100–102
一体化／一体感　89, 111–113, 147
いつでも、どこでも、だれでも　139, 143, 157
一般性／一般的　6, 21–23
移動支援　88, 156
緯度・経度　142–143
イノベーション　151
意味　93–94, 96
イメージ　1, 3, 9, 58, 61, 68, 79, 82, 94–95, 100, 152
　　心の中の——　5, 9, 40, 58–61

　　都市の——　1, 58, 60, 150, 152
　　まちの——　5, 9, 59, 109–112
イメージマップ　58–59, 152
因果関係　5, 6, 16
インクルーシブデザイン　118, 156
インクルージョン　114
印象　94
インターネット・オブ・シングス（IoT）　140
インタラクション　2–3, 8, 10, 25–27, 30, 39, 42, 54–57, 80, 96, 102, 123, 139, 145, 149
インタラクティブ　78
ウェアラブルデバイス　139, 143
ウェイファインディング　76
ウェブマッピング　144
受入補償額　47
衛星測位システム　62, 142
エクスペリエンス　3, 7–8, 39–40, 55, 80, 96, 111, 145–146, 149, 151, 157
　　——デザイン　8, 41, 61, 149, 151, 156
　　場所の——　3, 5–6, 9, 26, 37, 42, 54, 93–95, 105, 109, 111–114, 130–131, 145, 147, 149–150, 152–154, 156
　　——評価　40, 145, 151
　　ユーザー——　3, 7, 9, 52, 55, 71, 73, 114, 123, 150–151
エコロジー　55, 105
演繹（法）　21–22
エントロピー（平均情報量）　120
扇形モデル　20
オープンデータ　144, 151
驚き　97
思い　3, 8–9, 24, 39–41, 55, 61, 93–94, 96, 108–109, 137, 145, 149–151, 153

［カ行］

回帰分析　43–45
階層　16, 18, 25, 27, 65, 152
街灯の下でカギを探す　23
開発　126–129
　　──のコントロール　127, 129
快・不快　43, 94–95
回復効果　105
価格　14–16, 24, 26, 41–44
科学　6, 13, 22–23
　　──的研究　21–22
　　──哲学　23
学習　65–66, 68, 90, 93, 97, 99
覚醒度　94, 97–98
確定的　33–34, 129
確率的　28–29, 33–34, 54
可視化／視覚化　59, 144, 149, 151–152
仮説　22–23
仮想空間　5, 61, 73, 88, 139–143, 145, 150
仮想市場評価法（CVM）　45–48, 133
形→フォーム
価値　5, 41–43, 45–48, 54, 56, 93, 96, 112, 114
価値観　61, 111, 114–118, 132–133, 137, 150, 152, 156
活動性の因子　94
仮定　13, 17–18, 21, 23, 31, 37, 45, 54, 66, 149
　　一様性の──　17, 19, 31, 149
　　理論的──　17
考え　3, 8, 24, 39–40, 55, 61, 92–93, 96, 108–109, 137, 145, 151, 153, 157
環境　5, 43, 55, 75–76, 80, 93–94, 96–105
　　──選好　99, 102
　　物的──　3, 135, 152
環境心理学　43, 58, 93–94, 96, 103, 105
環境選好モデル　99
感情　3, 5, 8, 43, 56–58, 92–99, 102, 111, 146, 149, 152
　　──スペース　94
　　美的な──　99, 104, 150

簡素化　13
観測データ　5, 21–22, 46
記憶　67, 72, 99, 102, 104, 111–112, 154
記述　6–7, 10, 21, 23
規制　108, 124, 126–130, 138
帰属感／帰属意識　112–113
規則性／規則的　16–17, 23, 54
帰納（法）　21–22
機能集中　137
基盤地図情報　144
客観性／客観的　9, 23, 40, 46, 53, 94–95, 130, 157
共分散構造分析　110, 131
居住環境　2, 9, 30, 107–110, 118, 122, 124–128, 130–137
居住者　2–3, 7–9, 19, 25, 28, 30, 40–42, 58–61, 73, 107–111, 113, 118, 122, 128–137, 146, 150–152, 155–156
　　──中心の　113
　　──にやさしい　40–41, 152
　　──の視点　3, 5, 9, 61, 109–111, 114, 121, 131, 136–138, 145, 151–152, 154
　　──の心理　58, 111, 114, 131, 137
居住満足度　105, 108–112
居住誘導　128
拠点　128
距離　4, 14, 16, 19, 24–38, 54, 62, 66–68, 72, 76
　　心理的──　25, 32, 66
　　直線──　32, 34, 68
　　認知──　72
　　ネットワーク──　32
　　物理的──　25–26, 32, 66
　　マンハッタン──　32
　　ユークリッド──　32
　　ルート──　32
距離減衰　29–31, 38, 65
空間　1, 10, 26, 56, 93, 112
　　──現象　5, 21, 25–26, 31–32, 35, 37, 54, 57, 66, 149
　　──行動　4, 10, 19, 25, 31, 34–35, 40,

65–66, 80, 93, 102, 149, 154
——参照系　84–85, 87, 143, 152
心理的な——　10, 40, 57–58, 149, 151, 153–154
——スケール　76–77, 87
——知識　65–72, 76, 93, 150, 152
——的思考　73, 79, 88, 146
——的推論　76
——的相互作用　4, 27, 30, 66, 92, 149
——認識　27, 62, 67, 71, 77, 89–90, 93, 103, 143, 146–149, 152, 157
——認知　57–59, 70, 152
——能力　68, 79–82, 87, 89–90, 148, 150, 153
——の経験と認識　3, 5–6, 9–10, 139, 145, 157
物理的な——　2–3, 10, 39–40, 56–57, 72, 79, 146, 149, 153–155
——分布　4–5, 16–17, 19, 31
——リテラシー　90, 147–148, 150, 157
クリスタラー　17–18, 25, 56
景観　93–102, 105
——の4特性　100
経験→エクスペリエンス
いい——　8–9, 40, 61, 73, 93, 123, 149–151
場所の——　7, 9–10, 57, 92–93, 102, 105, 149
経験説　67
系統地理　6
系統的　5–6
経路統合　75
結果　5, 13, 17–18, 21–23 →因果関係、原因
決定的　28, 33
原因　5, 17, 21, 23
研究　4–7, 10, 12, 21–23
言語　79, 82, 86–87
現実空間（実空間）　5, 61, 79, 82, 88, 139–143, 145, 147, 150–151
現実性　23

現実世界　13
航海術→ナビゲーション
構造　12–13, 16
　頭の中の地図の——　64–65, 68
　都市の——　12, 19–22, 87, 127–128
行動
　——的なモデル　35
　集団的な——　27
高度化　128, 130, 142
高度空間情報社会　5, 90, 147–148, 150–151, 156–157
幸福感　112, 114
効用　35–37, 45, 49–53
　観測できる——　36
　——最大化　35, 37, 149
　全体——　49
　部分——　49
合理性　19, 54
　完全な——　19, 37, 66
　限定的な——　19, 37, 66
合理的　23
五感　68, 139, 146
ここ　83, 142–143
心の中の
　——思い　9–10, 39–40, 52, 55, 96, 145, 151, 153
　——まち　58, 149, 152
誤差　36, 44, 71, 90
個人　6, 9, 19, 27–28, 35, 37, 57, 61, 71, 93, 111, 149, 156
　——の属性　71, 96, 102, 105
個人差　69–71, 73, 81, 88, 93, 150, 152–153
コスト（費用）　14, 27, 32, 46
言葉　83–87, 146
好ましい／好ましさ　5, 52, 56, 96–105
個別　21–22
コミュニケーション　74, 80–81, 83–84, 123, 143, 146, 149–150, 154
コミュニティー　113, 118, 127–129
固有参照系　84–86

固有の／固有性　6–7, 23, 72, 111–112, 146–147, 152

コンジョイント分析　48, 114, 135

コンテクスト　86

コンテクストアウェアネス　144

コンパクトシティ／コンパクト化　118, 127–131, 136–138, 152

［サ行］

サイエンス→科学

最適化　37, 66

サバンナ　103

産業革命　2, 42, 124, 128

視覚　88, 146

　──的イメージ　68, 79–80

　──的な情報　97, 146, 152

　──的な特性　97–99

時間　10, 32, 38

時空間パス　38

自己意識　111–112

自己同一性　112

市場価格関数　44

システマティック→系統的

持続可能性　108, 114, 128, 141

実証・反証　23

支払意思額　47, 134

住環境　108, 124, 126

　──整備　108

集計データ　10, 28, 35, 37, 57, 71, 149

従属変数　43

集団規定　129

柔軟な／柔軟性　76, 81, 129–130, 133, 137, 152, 156

集約　128–130, 134

重力モデル　27

縮小　127, 129

　──社会　127, 129–130, 151

　──都市　127

状況　8, 73, 81, 87, 129, 137, 143, 153

　──認識　71, 86, 88, 144 →コンテクストアウェアネス

利用の──　81, 85

商圏→マーケットエリア

少子高齢化　118, 127, 137

情報

　──インフラ整備　142–144, 151

　──可視化　144

　──技術　3, 61, 71, 73, 139–140, 142–143

　──基盤　144, 151

　──空間　140

　──処理　37, 93, 99, 139

　──提示　57, 71, 73, 86–88, 146, 150, 152–153

　──デザイン　8, 40, 71, 73, 81, 123, 150

知る　8–10, 40, 61, 71, 93, 137, 149, 151–152, 156

進化　102–105

人口の減少　127–128

心的回転　79–80, 82, 153

神秘性（ミステリー）　100–102

心理的な　5, 10, 35, 39, 62, 108–109, 111–112, 130–133, 135, 149–154

　──思い　150

　──許容度　131–133, 135

　──等高線　56–57, 152

　──トレードオフ　131

　──欲求　99–101

推測航法　75

推定　28, 32, 38, 44–45, 65, 68, 72, 75, 90, 152

スキーマ（図式）　67

スケッチマップ　58–59, 69–70, 152

スティーブンスの法則　72

ストレス　105, 153

スマートシティ　3, 141, 155

住みやすいまち　109

3D 都市モデル　61, 141, 151

ずれ　57, 64–66, 70

正確さ　71–73, 88, 90, 93, 150, 152

生活の質　114, 128

生活利便性　108–111, 130–133, 135, 137, 144

制御　23, 71

生息地理論→バイオフィリア

生存　99, 102–105

生態学→エコロジー

生得説　67

性能
　——規定　129
　主観的な——　131
　——の規制　131, 133–136

設計者　8, 40, 123, 150

絶対参照系　84–85, 87

説明　6–7, 10, 13, 16, 22–23, 25, 149

説明変数　43, 45

セマンティック・ディファレンシャル（SD 法）　94

センサーデータ　143–144

センサーネットワーク　141

選択（行動）　35, 49, 52

相互関係　3, 26, 55, 61, 79, 93, 145, 154

相対参照系　84–87

ソーシャルキャピタル　113

測地系　143

外に取り出す　59, 72, 149, 152

［タ行］

体系的　23, 58

体験価値　96, 111

大航海時代　78, 148

ダイバーシティー　114

多核心モデル　20

多項ロジットモデル　36

他者視点取得　79–80, 153

多次元尺度構成法　72

妥当性　21, 149

多様化／多様性　114, 116–121, 137, 150–152, 156

多様度指数　120

探求　100

探索　76, 97, 99–101, 146

単純化　13, 23

地域の特性　6, 110, 128–129

地価　30, 42

近い・遠い　4, 25, 29, 31, 66, 86, 153

知覚　76, 96, 104

地形　6, 19–20, 31, 56, 87

地誌　6

知識　3, 10, 37, 57, 65–71, 78, 92, 99, 102, 112, 146, 149, 152

地図　1, 6, 68, 71, 77–83, 88–90, 146, 150, 154
　インターネット——　78
　デジタル——　78, 88, 146, 151
　——投影法　143

地代曲線　31

中心地　16–19
　——理論　17, 21, 25, 31, 56

超スマート社会（Society 5.0）　61, 71, 88, 140–145, 147

眺望・隠れ場理論　103

直交表　53

地理学の第 1 法則　25, 28–29, 65

地理空間　56

地理空間情報　144

地理情報システム（GIS）　4, 151

地理的な特徴　87

使いやすい　71, 86, 150, 156

釣り合い　41

データ　5, 21–23, 141, 143–144

適応　96, 103

デザイナー　40, 155
　社会の——　150
　情報の——　150
　まちの——　123

デザイン　3, 8, 61, 71, 123, 144, 149–151, 156

デジタル地理情報　88

デジタルツイン　141, 151

デジタルトランスフォーメーション　151

同心円地帯モデル　19

独自性　6

特殊性　6, 23
独立変数　43
どこ　4–5, 12, 22, 35, 73, 84, 88, 93, 142,
　147, 157
都市　1, 3, 55, 107, 123, 149
　　——機能　16, 19, 27, 128, 130
　　——空間　3, 7, 11, 22, 25, 55, 76–77,
　　　90, 96, 140
　　——計画　2, 58, 61, 108, 124, 151
　　——構造　12, 19, 21
　　——システム　16
　　——の5つの要素　59–60
　　——のイメージ　1, 40, 58, 100, 150,
　　　152, 154
　　——のコンパクト化　127–129, 136–
　　　137, 152
　　——の情報化　141
　　——のデザイン　58, 123
土地利用　4, 11, 126
　　——の純化　129
トレーサビリティー　140

[ナ行]
なぜ　5–7, 9, 92–93, 149
ナビゲーション　5, 57, 62, 68, 73–78, 80,
　85–86, 142, 146, 148, 150, 153
　　——システム／ツール／アプリ　71,
　　　77, 85, 88–90, 144, 146, 152, 154
　　——ツール利用の影響　89–90, 146–
　　　147
　　——能力／スキル　62, 148, 153
人間　2–3, 8, 37, 55, 62, 71, 99, 103, 137,
　152, 155
人間中心デザイン　8, 81
人間中心まちづくり　3, 9, 61, 71, 73,
　109, 113, 137, 151–152, 156
認識　2–6, 8–10, 19, 21, 37, 55, 61, 66, 80,
　93, 102, 145, 149, 152–153, 156
認識論　23
認知行動地理学　10, 19, 21, 72, 149
認知地図　19, 65

認知プロセス　76
ネットワーク　113, 128, 139–140, 143
脳内 GPS　62
ノーマライゼーション　118, 156

[ハ行]
バイオフィリア　102
場所　1, 56, 93, 111–112
　　——細胞　62
　　——識別子　143
　　——の意識　89, 147
　　——の記述・特定　143
場所情報　57, 73, 81, 84, 143–144, 147,
　150, 154
　　——インフラ　142, 144
　　——ツール　71, 74, 78, 90
　　——の表現　83, 143, 150
パターン　5, 11, 16–17
発達
　空間知識の——　61, 67, 70
ハフモデル　33
ビジュアリゼーション　144
非集計行動モデル　35
ビッグデータ　141, 144
費用→コスト
評価　40, 98, 108, 129, 151, 157
　心理的な——　40, 49, 52, 56, 96–99,
　　101, 108–111, 130–137
　美的な——　102, 105
評価性の因子　94
不安／不安感　5, 39, 57, 63, 68, 98, 105,
　147, 153
風景　98–99
フォーム　5, 7, 10, 12, 16, 22, 57, 71, 92
フォン・チューネン　13
複雑さ　13, 97–99
複雑性　23, 100–101
不調和　97
物的計画　108–109, 113
普遍性／普遍的　6, 22
プレイスメイキング　112

プロセス　3, 5–7, 9–10, 12, 52, 57, 92, 149
平均像　71, 156
平均的なユーザー　156
ヘドニックアプローチ　43
方向音痴　5–6, 57, 63, 68–69, 77, 153
方向感覚　6, 62, 69, 71, 89–90, 147–148,
　　150, 152–153
　　――のトレーニング　153
法則（性）　6–7, 21–23

[マ行]
マーケットエリア　18, 34
まちづくり
　　居住者の視点からの――　5, 9, 61, 109,
　　　114, 121, 151–152, 154
まちの個性　114, 129, 152, 154
まちのデザイナー／担い手／作り手
　　123–124, 154, 156–157
迷う　57, 63, 68–69, 74–75, 77, 88, 147,
　　152–153
満足化　37, 66
向き　75, 79, 82–83, 152
目新しさ　97–98
明瞭性（わかりやすさ）　100–102
目的変数　43
モデル　12
　　規範的――　17, 21, 66, 149
　　――分析　12–13
　　立地――　13
　　理論――　4, 10, 13–14, 16, 19, 21, 27,
　　　66, 149

[ヤ行]
融合社会　139, 142, 146, 150
ユーザー　3, 7, 40, 55, 61, 71, 81, 89, 123,
　　146–147, 156
　　――体験　123
　　都市の――　8, 42, 55, 73, 146, 150, 157

　　――に合わせた　150
　　――にやさしい　8, 150, 152
　　――の経験　81, 149, 151
　　――の属性　71, 73, 81, 87, 153
ユーザーエクスペリエンスデザイン　8,
　　41, 61, 149, 156
ユーザー中心　71, 73, 93, 150
誘導　124, 128–129, 138
ゆがみ
　　頭の中の地図の――　57, 63, 73, 77, 152
ユニバーサルデザイン　118, 156
ユビキタスコンピューティング　139, 143
用途　4, 11
　　――の混合　129, 131, 136
　　――の変更　129–130, 137
用途混在　126, 131
用途地域　44, 108, 124–126, 129
予測　23

[ラ行]
ライフスタイル　111, 113–114, 117–118,
　　133, 150, 152
ランドスケープデザイン　102
ランドマーク　59–60, 86, 102
リアルタイム　139, 141, 144, 147, 151
理解　99–100, 150
力量性の因子　94
離散選択モデル→非集計行動モデル
立地　12, 16–17
立地適正化計画　128
利用者　8–9, 71, 78, 88–89, 147, 150
リンチ、ケビン　58
レイアウト　96, 104

[ワ行]
わかりやすい
　　――情報　40–41, 150
　　――都市　5, 9, 58, 60

［著者紹介］

石川　徹（いしかわ とおる）

東洋大学情報連携学部教授
カリフォルニア大学サンタバーバラ校 PhD
専門は認知行動地理学、空間情報科学、都市居住心理、ユーザーエクスペリエンス

都市空間のエクスペリエンス－経験と認識から空間を知る－

令和 7（2025）年 3 月 1 日　第 1 刷発行

著者　　石川 徹
発行者　株式会社古今書院　橋本寿資
印刷所　株式会社太平印刷社
発行所　株式会社古今書院
〒 113-0021　東京都文京区本駒込 5-16-3
Tel 03-5834-2874
振替 00100-8-35340
©2025　Ishikawa Toru
ISBN978-4-7722-5360-4　C3036
　〈検印省略〉　Printed in Japan